Georg Morgenstern

Cyprian Bischof von Carthago als Philosoph

Georg Morgenstern

Cyprian Bischof von Carthago als Philosoph

ISBN/EAN: 9783743336124

Hergestellt in Europa, USA, Kanada, Australien, Japan

Cover: Foto ©Lupo / pixelio.de

Manufactured and distributed by brebook publishing software (www.brebook.com)

Georg Morgenstern

Cyprian Bischof von Carthago als Philosoph

Cyprian

Bischof von Carthago,

als Philosoph.

Von

Dr. Georg Morgenstern.

Kandidat des Predigtamts.

Jena,
Verlag von Hermann Pohle.
1889.

Seinen teuren Eltern

in inniger Liebe und Dankbarkeit

gewidmet

vom

Verfasser.

Seinen teuren Eltern

in inniger Liebe und Dankbarkeit

gewidmet

vom

Verfasser.

Einleitung.

Bei der Bedeutung, welche der Bischof Thascius Caecilius Cyprianus († 258) für die Kirche hat, ist es auffallend, daß eine Seite an ihm, inwieweit er Philosoph ist, noch nicht untersucht worden ist. In der einschlägigen Litteratur entdeckt man hier eine Lücke. Den Grund dieses Mangels muß man wohl darin finden, daß es C. an einem philosophischen Systeme gebricht, wie auch unsere Untersuchung zeigen wird. Aber immerhin müssen wir vermuten, daß in einem Zeitalter, in welchem das Christentum in engster Beziehung zur antiken Gedankenwelt stand und ununterbrochen daraus aufnahm, auch C. im Geiste dieses Zeitalters dachte, zumal er erst im reiferen Mannesalter sich zum Christentum bekannte. C. ist nicht geradezu ein Philosoph, er steht indessen unbewußt unter dem Einflusse der philosophisch gebildeten Welt, unbewußt strömen antike Bilder und Gedanken in seine Vorstellungen ein, und trotz seiner ausdrücklichen Opposition zur Philosophie hat sich die Philosophie in gewissem Grade Eingang in seine Schriften verschafft [1]). Es erschien daher der Bedeutung unseres Kirchenvaters wohl angemessen, ihm auch eine philosophische Würdigung zuteil werden zu lassen, seine Welt- und Lebensanschauung vom philosophischen Standpunkte zu untersuchen. Unserer Untersuchung haben wir diejenige Einteilung zugrunde gelegt, welche die ältesten und bedeutendsten Autoritäten der Stoiker ihrem Systeme gaben [2]). Wir beginnen daher mit der Logik,

---

[1]) cf. WADSTEIN: Der Einfluß des Stoicismus auf die älteste christl. Lehrbildung. Theolog. Stud. u. Kritiken 1880. 4.

[2]) cf. ZELLER, Philos. der Griechen III, 63.

sprechen sodann von der Physik und schließen mit der Ethik als der das System krönenden Wissenschaft. Wir halten uns zu einer solchen Einteilung um so mehr berechtigt, als in den ersten Jahrhunderten bis zur Einwirkung des Neuplatonismus zweifelsohne von allen philosophischen Systemen gerade der Stoicismus den größten Einfluß auf die christliche Lehrbildung hatte, als gerade der Stoicismus es war, welcher zu C.'s Zeiten besonders die Weltanschauung der Gebildeten bestimmte.

Cap. I. Logik.

Nach unseren früheren Bemerkungen dürfen wir nicht erwarten, eine vollständige Erkenntnistheorie bei C. zu finden, es sind im Gegenteil nur einige wenige Gedanken dieser Art in seine Schriften eingestreut. Wir werden nicht fehlgehen, wenn wir es vorzüglich der Verachtung, mit welcher der christliche Bischof auf die Weltweisheit herabsah, zuschreiben, daß er es nicht der Mühe für wert hält, sich mit den herrschenden philosophischen Ansichten auseinanderzusetzen. Es wird daher unsere Aufgabe sein, jenes, was unbewußt an philosophischen Gedanken in seine Betrachtungen mit hineingeschlüpft ist, aufzufinden. C.'s Erkenntnistheorie erstreckt sich allein auf das Verhältnis vom Glauben zum Wissen, und er vertritt in dieser Beziehung einen äußerst schroffen Standpunkt abweichend von den älteren Apologeten.

Im Glauben ist das wahre Wissen gegeben, alles andere Wissen, welches nicht aus der Quelle der Offenbarung geschöpft ist, ist ein falsches, vorgebliches Wissen, es ist eine Eitelkeit, damit zu prahlen. Die Christen allein sind die rechten Philosophen der That, sie sind nicht wie jene sogenannten Philosophen solche, welche bloß mit leeren Worten prahlen. 398_{20} ff. Nos autem qui philosophi non verbis sed factis sumus, nec vestitu sapientiam sed veritate praeferimus, qui virtutum conscientiam magis quam iactantiam novimus, qui non loquimur magna sed vivimus . . . . (cf. Tertullian, Apolog. c. 46. Adeo quid simile philosophus et Christianus, Graeciae discipulus et caeli, famae negotiator et vitae, verborum et factorum operator . . . .). Alle wahre Weisheit, alle wahre Tugend kommt nur von Gott allein, durch die wahre

Gotteserkenntnis, durch das Verständnis der Person des Heilandes. Hanc patientiam se sectari philosophi quoque profitentur, sed tam illic patientia falsa quam et falsa sapientia est; unde enim vel sapiens esse vel patiens possit, qui nec sapientiam nec patientiam Dei novit? De bon. pat. $397_{13\text{ ff.}}$ Die Philosophen leiden an zu großem Selbstgefühl und Tugendstolz, darum geht ihnen auch jede Tugend ab. Wir lernen hieraus zugleich die eigentümliche Art zu schließen bei C. kennen. Nam si patiens ille est qui est humilis et mitis, philosophi autem nec humiles videmus esse nec mites sed sibi multum placentes et hoc ipso quo sibi placeant Deo displicentes, apparet illic non esse patientiam, ibid. 398_{15}. So ist allein auf dem Grunde des Christentums wahre Erkenntnis, wahre Weisheit möglich, sie wird den Philosophen ebenso bestimmt abgesprochen, wie den Juden und Heiden, 667_{17}. Durch die Offenbarung erst ist den Christen die Erkenntnis zuteil geworden. Die Philosophen, zumal die Stoiker bedürfen einer solchen erst durch Offenbarung empfangenen Erkenntnis nicht, sie tragen sie schon in sich selbst im eigenen Selbstbewußtsein. Für den Gläubigen kann es keinen Irrtum geben, da er jederzeit auf der Basis der überlieferten Lehre, des Fundamentes des christlichen Lebens, seine Ansicht prüfen kann. In compendio est autem apud religiosas et simplices mentes et errorem deponere et invenire atque eruere veritatem. Nam si ad divinae traditionis caput et originem revertamur (wo katholische Ausleger sc. papam kommentieren, protestantische dagegen scripturas sacras), cessat error humanus et sacramentorum caelestium ratione perspecta quidquid sub caligine ac nube tenebrarum obscurum latebat in lucem veritatis aperitur . . . . . quod et nunc facere oportet Dei sacerdotes praecepta divina servantes, ut si in aliquo nutaverit et vacillaverit veritas, et ad originem dominicam et ad evangelicam atque apostolicam traditionem revertamur et inde surgat actus nostri ratio unde et ordo et origo surrexit, ep 74, S. $808_{1\text{ ff.}}$ Selbst die durch die Macht der Gewohnheit eingewurzelten Irrtümer können durch Zurückgehen auf die Offenbarung leicht berichtigt werden; die Gewohnheit, wenn sie etwas Falsches aufweist, muß der Wahrheit unterliegen, ja in gewissen Fällen sieht sich C. doch wieder gezwungen, auch die Vernunft mitsprechen zu lassen. Proinde quidam qui ratione vincuntur consuetudinem nobis opponunt, quasi consuetudo maior sit veritate aut non id sit in spiritalibus sequendum quod in melius fuerit a sancto spiritu revelatum 787₈. consuetudo sine veritate vetustas erroris est, 806₂₃. Non est de consuetudine praescribendum sed ratione vincendum, ep 71, 773₁₀. Docuit Dominus (origo veritatis de unitate 212) et ostendit multa singulis in melius revelari et debere unumquemque non pro eo quod semel inbiberat et tenebat pertinaciter congredi, sed si quid melius et utilius exstiterit libenter amplecti, 774₄₋₆. Im allgemeinen können wir sagen, daß C. den schroffen Standpunkt, daß es außerhalb der Kirche keine Erkenntnis gebe, konsequent vertritt, worauf wir noch später zurückkommen müssen. Auf eine offene Polemik gegen die Philosophie läßt er sich gar nicht ein, ihm ist es ausgemacht, daß es neben der göttlichen Heilslehre keine Quelle der Erkenntnis mehr giebt; ihm ist das Christentum zu sehr in Fleisch und Blut übergegangen, wenn dieser Ausdruck gestattet ist, als daß er eine andere als seine stolz verachtende, auf die Philosophie herabsehende Haltung hätte einnehmen können. Daß jemand vielleicht einmal anderer Meinung sein könne, kommt ihm nicht in den Sinn; er schließt von sich auf andere: mir ist das Christentum die vollkommene Weisheit, folglich muß es das jedem sein, denn daran läßt sich nun einmal nicht rütteln, daß die Offenbarung der einzige Weg zur Erkenntnis ist. Ein so herrlicher Beweis hierin für C.'s Glaubenswärme und Zuversicht liegt, so wenig wird er mit solcher Argumentation heidnische Leser haben befriedigen können, und jene Thatsache ist um so auffälliger, als das Christentum damals doch um seine Existenz kämpfte gegenüber heidnischer, philosophischer Bildung und staatlicher Gewalt.

Cap. II. Physik.

Reicher gestaltet sich die Ausbeute an eigenartigen Ansichten C.'s über Gott, Welt, den Menschen und die letzten Dinge, Ansichten, die ihren durch fremde Einflüsse bestimmten Charakter deutlich zeigen und bei einem christlichen Bischofe bemerkenswert erscheinen.

§ 1. Theologie.

Was zuerst C.'s Ansichten über Gott, sein Wesen, sein Walten betrifft, so ist es schon von RETTBERG hervorgehoben worden, daß sie größtenteils recht sinnlicher Art sind. C. ist auch darin ein Schüler Tertullians, welcher bei aller Warnung vor Anthropopathismen und Anthropomorphismen dennoch selbst in diesen Fehler verfällt (cf. HUBER, Phil. d. Kv. 112). So lesen wir im 6. Briefe: futura tantummodo cogitemus, fructum regni aeterni, complexum et osculum Domini, conspectum Dei, 484_5. Im 37. Briefe preist er die Abgeschiedenen glücklich, da sie sich im innigsten Verkehr mit dem Herrn befinden: Beati satis qui ex vobis per haec gloriarum vestigia commeantes iam de saeculo recesserunt confectoque itinere virtutis ac fidei ad complexum et osculum Domini Domino ipso gaudente venerunt, 577_2. C. ermahnt die Märtyrer zur Standhaftigkeit in der Verfolgung; dieser Kampf ist um so ehrenvoller, als er Gott zum Zuschauer, ja zum Teilnehmer hat, ep. X. 494_7: Militate fortiter, dimicate constanter, scientes vos sub oculis praesentis Domini dimicare, confessione nominis eius ad ipsius gloriam pervenire, qui non sic est ut servos suos tantum spectet, sed ipse luctatur in nobis, ipse congreditur, ipse in certamine agonis nostri et coronat pariter et coronatur.

In diesem Gedanken des Zuschauens Gottes erkennen wir leicht die Weiterentwicklung eines griechischen Gedankens. Bei den Griechen herrschte eine lebhafte Freude daran, das Wohlgefallen und die Anerkennung ihrer Mitbürger zu erwecken. Es galt die καλοκἀγαϑία ans Licht zu stellen, mit ihr zu prangen; es war eine Ehre, sich durch Vorzüge des Körpers und des Geistes hervorthun zu können: daher die Freude und die lebhafte Beteiligung an den Spielen. Das Lob der Zuschauer war die mächtige Triebfeder aller tüchtigen Jünglinge, in den Kampf um die Meisterschaft einzutreten. Der Gedanke einer äußeren Anerkennung tritt bei den griechischen Philosophen zurück, aber wenn nicht die Außenwelt den Beifall zollt, so thut es der Mensch selbst, die Seele selbst wird der Zuschauer des eigenen sittlichen Handelns. So z. B. bei Aristoteles. Mit Anlehnung an diesen antiken Gedanken findet sich nun bei C. die Vorstellung, daß die Christen sich Gott als den berufenen Preisrichter und Zuschauer denken müssen, womit die bereits verinnerlichte Idee wieder versinnlicht und veräußerlicht wird (cf. S. 9 u. 10)[1]). Doch wir kehren zur Gottesidee C.'s zurück. C. spricht in recht naiver Weise von den Händen Gottes ep. 54; 719_{20}: in osculo infantis unusquisque nostrum pro sua religione ipsas adhuc recentes Dei manus debeat cogitare (cf. 718_{11} quid enim ei deest qui semel in utero Dei manibus formatus est?), quas in homine formato et recens nato quodam modo exosculamur, quando id quod Deus fecit amplectimur, von den Ohren Gottes ep. 37; 578_{26} ff.: vox illa purificatione confessionis illustris et iugi honoris sui tenore laudabilis ad Dei aures penetrat. RETTBERG sieht in der Schrift ad Donatum p. 6_{17} ff. sogar Anklänge an eine pantheistische Auffassung: Dei est, inquam, Dei omne, quod possumus. Inde vivimus, inde pollemus, inde sumpto et concepto vigore hic adhuc positi futurorum indicia praenoscimus: sit tantum timor innocentiae custos, ut qui in mentes nostras indulgentiae caelestis allapsu clementer Dominus influxit, in animi oblectantis hospitio iusta operatione teneatur, ne accepta securitas indiligentiam pariat et vetus denuo hostis obrepat. Es läßt sich nicht leugnen, daß hier die Idee einer magisch-mystischen Vereinigung mit Gott vorliegt, es findet sich indessen keine (cf. das Citat S. 7 u. 8) weitere derartige Stelle, zudem ist jene Schrift die erste, kurz nach C.'s Bekehrung abgefaßte. Man muß sich indessen hüten, zu meinen, daß C. sich solcher sinnlichen Ausmalungen, die wir später noch genauer betrachten müssen, bloß in symbolischer Absicht bediene, es vermischt sich im Gegenteil bei ihm das Symbol vollständig mit der symbolisierten Sache. Wir haben keine Ursache, bei C. zu idealisieren, so geneigt wir dazu vom heutigen Stande unserer Ansichten sind, wir müssen auch nicht annehmen, C.'s Gottesanschauung sei eine recht geistige im Sinne Christi. Es tritt hier vielmehr im Gegensatze zu der feineren, weltlichen Kultur das Bestreben hervor, die Gottes-

---

[1] Die Idee des Zuschauers' finden wir in der neueren Philosophie lebhaft aufgefrischt bei dem berühmten Nationalökonomen ADAM SMITH, welcher das Gewissen den unparteiischen Zuschauer aller sittlichen Handlungen nennt, womit er als ein Vorläufer des kategorischen Imperativs bei KANT gelten kann.

idee zu versinnlichen, den über der Welt thronenden Gott so handgreiflich vor Augen zu stellen, wie es vielleicht dem Bedürfnisse einer weniger gebildeten Gemeinde entsprach. Diese Auffassung stellt sich in einen scharfen Gegensatz zu dem ästhetischen Gottesbegriff des antiken Griechentums. Die Ewigkeit Gottes betont C. nicht besonders, doch scheint es implicite in einigen Stellen zu liegen: si autem aliquando dii nati sunt, cur non hodie nascuntur (p. 21)? Nam Deus quando non regnat, aut apud eum quando incipit quod et semper fuit et esse non desinit? 275_{23}.

Ferner nennt Cyprian Gott den Einen, es giebt neben ihm keine Götter mehr. C. findet dafür aber keinen anderen Grund als denjenigen, daß Gottes Erhabenheit und Majestät nicht die Existenz eines zweiten Gottes neben sich gestatte. Diese Stelle, die einzige, in welcher sich C. näher über die Einzigkeit Gottes ausspricht, erscheint uns der Beachtung so wert, daß wir sie ganz hierher setzen (quod idola dii non sint C. 8 u. 9). Unus igitur omnium Dominus Deus: neque enim illa sublimitas potest habere consortem, cum sola omnem teneat potestatem. Ad divinum imperium etiam de terris mutuemur exemplum. Quando umquam regni societas aut cum fide coepit aut sine cruore desiit? Sic Thebanorum germanitas rupta, permanens rogis dissidentibus etiam in morte discordia; et Romanos geminos unum non capit regnum, quos unum uteri cepit hospitium. Pompeius et Caesar adfines fuerunt nec tamen necessitudinis foedus in aemula potestate tenuerunt. Nec tu de homine mireris, cum in hoc omnis natura consentiat. Rex unus est apibus et dux unus in gregibus et in armentis rector unus. Multo magis mundi unus est rector, qui universa quaecumque sunt verbo iubet, ratione dispensat, virtute consummat.

Hic nec videri potest, visu clarior est, nec comprehendi, tactu purior est, nec aestimari, sensu maior est; et ideo sic cum digne aestimamus deum, dum inaestimabilem dicimus. Quod vero templum habere possit Deus, cuius templum totus est mundus? Et cum homo latius maneam, intra unam aediculam vim tantae maiestatis includam? In nostra dedicandus est mente, in nostro consecrandus est pectore. Nec nomen Deo quaeras, Deus nomen est. Illic vocabulis opus est, ubi propriis appellationum insignibus multitudo dirimenda est. Deus, qui solus est, Dei vocabulum totum est. Ergo unus est et ubique ipse diffusus est. Nam et vulgus in multis Deum naturaliter confitetur, cum mens et anima sui auctoris et principis admonetur. Dici frequenter audimus 'o Deus' et 'Deus videt' et 'Deo commendo' et 'Deus mihi reddet' et 'si Deus dederit'. At quae est haec summa delicti, nolle agnoscere quem ignorare non possis! Wenn diese Stelle auch aus dem Octavius des Minucius Felix excerpiert ist (Cap. 18), so bedient sich hier C. derselben mit seiner ausdrücklichen Zustimmung; daß diese Beweise für Gottes Einzigkeit außerordentlich schwache auch für einen Christen sind, läßt sich nicht verkennen. So sehr C. abgeneigt ist, der Philosophie, zumal dem stoischen System, Gedanken zu entlehnen, so scheut er sich nicht, die schwächsten Gründe, die Meinung des Volkes, ihre hergebrachten Redensarten heranzuziehen, um damit zu konstatieren, daß sich die agnitio Dei jedem unbedingt aufdrängen müsse. Der Gott, der in der Tierwelt eine gewisse Einheit feststellte, wollte für sich selbst kein Ausnahmegesetz schaffen.

Dieser Gott ist der Weltenschöpfer, 577_{10}: solem fecit et lunam. Er ist allmächtig: omnipotens, ep. 50. Nam Deo quis obsistit quominus quod velit faciat? (276_{23}). Ohne seinen Willen geschieht auch nicht das Geringste: ep. 59. cum ille (Dominus) nec minima fieri sine voluntate Dei dicat, existimat aliquis summa et magna aut non sciente aut non permittente Deo in ecclesia fieri? Hoc est fidem non habere, hoc est Deo honorem non dare cuius nutu et arbitrio regi et gubernari omnia scimus et credimus. Er ist auch gütig, weise und barmherzig, er hilft denen, welche seiner Macht vertrauen: quanto magis (als der Vater im Evangelium) unus ille et verus pater bonus misericors et pius, immo ipse bonitas et misericordia et pietas, 641_{13}. De cuius ope et pietate qui in eum confidimus possumus esse securi, quia qui in pace militibus suis futuram praenuntiat pugnam, dabit militibus in congressione victoriam. Gott ist allgegenwärtig und allwissend, er sieht alles, er kennt die verborgenen Herzensgedanken. Perspicit ille abdita et secreta atque occulta considerat nec Dei oculos evadere potest aliquis, 257_{15}. Videt ille corda et pectora singulorum et iudicaturus non tantum de factis sed et de verbis et cogitationibus nostris omnium mentes voluntatesque conceptas in ipsis adhuc clausi pectoris latebris intuetur (ib.). Sciamus Deum ubique esse praesentem, audire omnes et videre et maiestatis suae plenitudine in abdita quoque et occulta penetrare, 270_4. Er ist occultorum contemplator et cognitor (307_{25}, cf. 653_{4-7}). Gott ist der höchste Richter über die Menschen, er ist ein gerechter Richter, welcher die Guten belohnt und die Bösen bestraft, 636_{13}; 638_{16-21}. Doch ist nicht ausgeschlossen, daß er den einmal ausgesprochenen Richterspruch wieder umstößt. Potest ille indulgentiam dare, sententiam suam potest ille deflectere (de lapsis 263_{24}). Sicherlich erteilt C. Gott die höchsten Prädikate, er hält sich damit an die christliche Lehre, aber wie paßt in diesen Rahmen jene Anschauung, welche uns den Menschen gewissermaßen wie den stoischen Heros vorführt, welcher in seinen Leiden und Kämpfen der Gottheit ein großartiges Schauspiel bietet und gewissermaßen selbst zum Gotte wird? (cf. Seneca de provid. C. 2. Miraris tu si Deus ille bonorum amantissimus, qui illos quam optimos esse atque excellentissimos vult, fortunam illis cum qua excerceantur assignat? Ego vero non miror, si quando impetum capiunt dii spectandi magnos viros, colluctantes cum aliqua calamitate. . . . Ecce spectaculum dignum, ad quod respiciat intentus operi suo Deus: ecce par Deo dignum, vir fortis cum mala fortuna compositus, utique si et provocavit). Ganz ähnliche Gedanken finden wir bei C. Es ist auffällig, wie oft und mit welcher Wärme die Ansicht vertreten wird, Gott sehe dem Turniere der Menschheit als Zuschauer zu, er ergötze sich an ihren Kämpfen, an ihrem Heroismus, um dann auch gelegentlich als Mitkämpfer und Preisrichter aufzutreten. Dieses Bild zieht sich wie ein roter Faden durch die Ansicht C.'s vom Verhältnis Gottes zur Menschheit. Es sei uns vergönnt, einige der bezeichnendsten Stellen anzuführen, welche uns den Gott des Weltalls so menschlich nahe bringen. Qui se tormentis et morti sub oculis Dei obtulit passus est quidquid pati voluit, ep. 12; 504_4. Ad agonem saecularem exercentur homines et parantur et magnam gloriam computant honoris sui, si illis spectante populo et imperatore praesente contigerit coronari; ecce agon sublimis et magnus et coronae caelestis praemio gloriosus, ut spectet nos certantes Deus super eos quos filios facere dignatus est oculos suos pandens certaminis nostri spectaculo perfruatur (ep. 58). Proeliantes

nos et fidei congressione pugnantes spectat Deus, spectant angeli
eius, spectat et Christus: Quanta est gloriae dignitas, quanta
felicitas praeside Deo congredi et Christo iudice coronari? 663_{13}.
cf. ferner 394_{24}. 493_{16} ff. 693_{10} ff. Gott erscheint hier als der
römische Ädil, welcher das Zeichen zum Beginn des Kampfes
giebt und denselben überwacht. Von Interesse ist hier noch
eine Stelle aus de opere et eleemosynis S. 389_{19} ff.: Quale
munus est, cuius editio Deo spectante celebratur; si in gentilium
munere grande et gloriosum videtur proconsules vel imperatores
habere praesentes, et apparatus ac sumptus apud munerarios
maior est ut possint placere maioribus, quanto illustrior muneris
et maior est gloria Deum et Christum spectatorem habere,
quanto istic et apparatus uberior et sumptus largior exhibendus
est, ubi ad spectaculum conveniunt caelorum virtutes, conveniunt
angeli omnes, ubi munerario non quadriga vel consulatus petitur,
sed vita aeterna praestatur, nec captatur inanis et temporarius
favor vulgi, sed perpetuum praemium regni caelestis accipitur.

Alle diese Beispiele liefern fernere Belege dafür, wie sinnlich
die Phantasie C.'s das Verhältnis Gottes zur Welt auffaßte und
ausmalte.

§ 2. Kosmologie.

Wie paßt ferner in den Rahmen des Gottesbildes, wie es
uns C. zeichnet, jener Zug, welcher uns Gott als passiv der
Welt gegenüberstehend erscheinen läßt? In demjenigen Zusammenhange, wie uns die zu citierende Stelle entgegentritt,
kann kein anderes Urteil, als wir es andeuteten, gefällt werden.
Von der Erhaltung der Welt durch Gott ist hier noch keine
Rede. Haec sententia mundo data est, haec est Dei lex ut
omnia orta occidant et aucta senescant et infirmentur fortia et
magna minuantur et cum infirmata et deminuta fuerint finiantur.
353_{16} ff. Als Schlußpunkt der Welt erscheint hier ihre Vernichtung nach völligem Verbrauche ihrer Kräfte angegeben. Die
Ansicht, die Welt gehe ihrem Ende entgegen, sie sei alt geworden, sie wanke in ihren Fugen und würde beim nächsten
Anstoße wie ein vom Wurm zerfressenes Gebäude zusammen-
stürzen, begegnet uns bei C. öfters. Eine Anlehnung an antike
Anschauungen erkennen wir auch hier wieder. Plato und
Aristoteles dachten sich die Welt als ein ζῶον, welches nach

den natürlichen Gesetzen des Lebens altert, aber dann wieder erneuert und mit frischen Kräften ausgestattet wird. Durch die Beobachtung, daß die Wälder abgeholzt, die Flüsse so oft trocken seien, im besonderen jene Überzeugung, daß alles Sein und Leben ein natürliches Maß und Ende habe, mochte ihnen jene eigentümliche Anschauung nahegelegt sein, die Welt sei alt, ihrer Lebenssäfte beraubt. Eben darum erschien ihnen eine Erneuerung der Welt von Zeit zu Zeit nötig. Nun finden wir zwar bei C. nicht gerade einen entsprechenden Ausdruck für ζῶον, etwa animal, wohl aber deutet die ganze Ausdrucksweise die unbewußte Anlehnung an jene älteren Anschauungen an, z. B. wenn er sagt (ep. 57; 657_{12}): Quae nunc omnia consideranda sunt nobis, ut nemo quisquam de saeculo iam moriente desideret, sed sequatur Christum, qui et vivit in aeternum et vivificat servos suos. In den Ausdrücken senescere, mori etc. steht C. dem antiken Gedankenkreise nicht fern. Ähnlich wie Plato und Aristoteles dachten sich die Stoiker am Ende der einen Weltperiode eine neue, d. h. gänzlich neue, nicht nur eine erneuerte, entstehen, nachdem die alte durch Feuer vernichtet worden war. Im Gegensatz zu diesen weiteren Gedanken der Platoniker und Stoiker ist C.'s Anschauung durchaus christlich, wenn er es ausspricht, daß es nach der Vernichtung dieser einen Welt keine andere mehr gäbe, daß mit dem einmal vollendeten Kreislauf der Dinge alles Sein ein gewisses und sicheres Ende habe. Psychologisch vermögen wir uns jene Ansicht C.'s von der alternden Welt wohl zu erklären; es war eine böse Zeit der Verfolgung und Drangsal, in welcher C. lebte, man mußte von den Trübsalen des Erdenlebens hinweg den Blick auf die Zukunft im Jenseits richten. Daß diese selige Zukunft für alle Christen nahe bevorstände, dies sucht er mit jener reproduzierten Ansicht noch deutlicher zu machen. Besonders in den Schriften de mortalitate, ad Fortunatum, ad Demetrianum finden sich verschiedene Bemerkungen über die Welt. In den Worten quaecumque a Deo fiunt Dei factoris et maiestate et opere perfecta sunt (718_{15}) scheint es zu liegen, daß C. sich die vorhandene Welt als eine vollkommene dachte. Sie steht fast 6000 Jahre. Ad Fort. 317_{22} ff. sex milia annorum iam paene complentur ex quo diabolus hominem impugnat. Aber diese Welt ist auch schon schwach und morsch geworden, das geht aus den mannigfaltigsten Anzeichen hervor. Die vielen Übel in der Welt einschließlich der Verfolgungen, die Abnahme der Produktivität, der Verfall selbst des Menschengeschlechts sind solche Ankündigungen des nahen Weltendes. Nunc fieri (sc. ad Dominum venire) multo magis debet corruente iam mundo et malorum infestantium turbinibus obsesso, ut qui coepisse iam gravia et scimus imminere graviora lucrum maximum computemus, si istinc velociter recedamus; si in habitaculo tuo parietes vetustate nutarent, tecta desuper tremerent, domus iam fatigata, iam lassa aedificiis senectute labentibus ruinam proximam minaretur, nonne omni celeritate migrares? ... mundus ecce nutat et labitur et ruinam sui non iam senectute rerum sed fine testatur, et tu non Deo gratias agis, non tibi gratularis quod exitu maturiore subtractus ruinis et naufragiis et plagis imminentibus exuaris? (313_{1-10}.)

Die Heiden waren bereit, den Christen die Schuld an den vielen Unglücksfällen, an der herrschenden Pest, an allen Übeln, welche die Welt erfüllten, zuzuschreiben, C. begegnet diesen Vorwürfen mit dem Hinweis, daß gerade der Götzendienst der Heiden die Veranlassung des Zornes Gottes sei, daß den Heiden im übrigen der wahre Grund wegen ihrer Unkenntnis verborgen sein müsse. Ad Demetr. $352_{20\,\text{ff.}}$ ist in dieser Hinsicht sehr lehrreich. Qua in parte qui ignarus divinae cognitionis et veritatis alienus es illud primo in loco scire debes senuisse iam saeculum, non illis viribus stare, quibus prius steterat, nec vigore et robore ipso valere quo antea praevalebat. Hoc etiam nobis tacentibus et nulla de scripturis sanctis praedicationibusque divinis documenta promentibus mundus ipse iam loquitur et occasum sui rerum labentium probatione testatur. 354_{3-6} (mundus totus in defectione est et in fine etc.). Bei diesem allgemeinen Verfall der Welt ist der Verfall des Einzelnen kein Wunder. „Wenn es selten regnet, wenn das Land voll erstickenden Staubes ist, wenn die unfruchtbare Scholle kaum etwas grünes Gras hervorbringt, wenn Hagelschlag den Weinberg schädigt, wenn der Sturmwind den Ölbaum entwurzelt, wenn die Quelle von Trockenheit starrt, wenn Gifthauch die Luft verpestet, wenn die Sonne weniger hell und warm strahlt, wenn die Hörner des Mondes verringert erscheinen", so ist dies alles nicht wunderbar, da ja das Weltende nahe ist. Es liegt hier nahe, an den Vergleich mit dem aufgezogenen Uhrwerke zu erinnern, welches dann abläuft, wenn es die vorgeschriebene Zeit funktioniert hat. C. schloß sich in dieser Ansicht, wie schon gesagt, der herkömmlichen Anschauung der Philosophen und Dichter an. (So auch schon Irenaeus 25$_{8.\ 3.}$) Andererseits ist es nicht zu verkennen, daß er in gewisser Beziehung auch den Standpunkt des Apokalyptikers vertritt, welcher die Welt vernichtet werden läßt, wenn die Not der Christenheit am höchsten gestiegen ist, wenn der Antichrist erschienen ist. Den christlichen Gedanken aber, daß die Welt so lange stehen würde, bis das Evangelium aller Kreatur gepredigt sei, finden wir bei C. nicht. C. stellt sich damit auf einen partikularistisch-anthropocentrischen Standpunkt. Die Weltvernichtung bezeichnet sodann für die Gläubigen den Beginn eines gottseligen Lebens im Verein mit Gott, Christus und den vorangegangenen Brüdern, den Beginn ewiger Höllenstrafen für die Ungläubigen.

In diesem System der Weltanschauung tritt uns ein auffallender Dualismus zwischen dem guten und bösen Prinzipe entgegen, der jedoch C. selbst gar nicht zum Bewußtsein gekommen zu sein scheint. Wir sehen diesen Dualismus in seiner Dämonenlehre, durch welche das Prinzip der einheitlichen Weltregierung ins Schwanken gerät. Der Teufel und die ihm untergeordneten Dämonen spielen eine große Rolle in C.'s Schriften. Das Reich Gottes befindet sich in einem steten Kampfe mit dem Reiche des Bösen, und es tritt oft hervor, wie letzteres eine immer größere Ausdehnung gewinnt. Diese faktische Koordination beider Prinzipe wird durch die einmal hervorgehobene Subordination des Teufels unter das göttliche Wesen zwar etwas beschränkt, aber keineswegs aufgehoben. Im Gegenteil tritt uns an vielen Orten die Betonung der Macht des Teufels, seiner Siege im Gottesreiche so nachdrücklich entgegen, daß wir darin einen Mangel an konsequenter Durchführung seiner (C.'s) Anschauungen erblicken müssen. Durch eine Anzahl von Citaten in dieser Richtung werden wir unser Urteil bestätigt finden. In de zelo et livore giebt C. die Geschichte des Teufels (421$_8$ cf. 420$_{1-15}$). Hinc (zelo) diabolus inter (prima) initia statim mundi et perit primus et perdidit. Ille angelica maiestate subnixus, ille Deo acceptus et carus postquam hominem ad imaginem Dei factum conspexit, in zelum malivolo livore prorupit, non prius alterum deiciens instinctu zeli quam ipse zelo ante deiectus, captivus ante quam capiens, perditus ante quam perdens, dum stimulante livore homini gratiam datae immortalitatis eripit, ipse quoque id quod prius fuerat amisit; quale malum est, quo angelus cecidit, quo circumveniri et subverti alta illa et praeclara sublimitas potuit, quo deceptus et ipse qui decepit. In den Worten circumveniri et subverti scheint es zu liegen, daß mit diesem Abfall des Teufels eine Niederlage der göttlichen Macht verbunden war. Wie es indessen möglich war, daß ein guter Engel solch bösem Laster verfiel, wird hier nicht erklärt. Der Teufel hat den Menschen von Anbeginn betrogen und getäuscht und auch jetzt sucht er auf alle Weise das Reich Gottes zu zerstören (de unitate initium). Plus timendus est et cavendus inimicus, cum latenter obrepit, cum per pacis imaginem fallens occultis accessibus serpit, unde et nomen serpentis accepit. Ea est eius semper astutia, ea est circumveniendi hominis caeca et latebrosa fallacia. Sic ab initio statim mundi fefellit et verbis mendacibus blandiens rudem animam incauta credulitate decepit: sic dominum ipsum temptare conatus, quasi obreperet rursus et falleret, latenter accessit: intellectus tamen est et retusus et ideo prostratus quia agnitus atque detectus. Der Feind nimmt jede Gelegenheit zum Schaden wahr: facultatem nocendi inimicus accipiebat, minus armatos et ad repugnandum minus cautos jiactu retis operibat (498_{23}). Quando et sexus infirmus et aetas adhuc lubrica per omnia frenari a nobis et regi debeat, ne diabolo insidianti et saevire cupienti ad nocendum detur occasio, 474_1 ff. Wenn jemand seinen Nachstellungen nicht erliegt, so wird der Teufel dadurch nur noch um so mehr erbost und verdoppelt die Wut seiner Angriffe (512_2 ff.). Wenn er nicht offen seinen Feinden beikommen kann, so versucht er es heimlich, erregt Spaltungen, Schismas und bringt Uneinigkeit unter die Brüder, er schmeichelt, verspricht und täuscht so die geblendete Seele (de unit. 211_{15} ff.; ep. 43; 596_{3-10}; ep. 54; 628). Wir finden verschiedene bildliche Ausdrücke in der Schilderung des teuflischen Wesens: die Götzenaltäre sind die altaria diaboli (633_{22} arae diaboli); die von den Heiden gebrauchten Kränze und Opferbinden sind die coronae diaboli (238_6 de lapsis). Der

Märtyrer, welcher in der Verfolgung bekennt, steht inter gladios diaboli (299$_{22}$). Seine Angriffe sind iacula et tela 299$_{10}$: Ceterum quid aliud in mundo quam pugna adversus diabolum cotidie geritur, quam adversus iacula eius et tela conflictationibus assiduis dimicatur?

Dem Teufel untergeordnet sind die **Dämonen**; sie unterstützen ihn in allen Bemühungen, das Reich Gottes zu vernichten, sie sind es, welche im heidnischen Kultus die von den Heiden angestaunten wunderbaren Vorgänge hervorbringen. Auch sie stammen vom Himmel, haben sich aber dann mit menschlichen Lastern befleckt und helfen nun das Reich des Teufels ausbreiten. (De habitu virginum C. 14 werden sie auch als Erfinder des Putzes genannt, 197$_{26}$.) Quae omnia peccatores et apostatae angeli suis artibus prodiderunt, quando ad terrena contagia devoluti a caelesti vigore recesserunt. — Daemonae spiritus sunt insinceri et vagi, qui postea quam terrenis vitiis immersi sunt et a vigore caelesti terreno contagio recesserunt, non desinunt perditi perdere et depravati errorem pravitatis infundere (quod idola dii non sint 23$_{12}$). Diese Geister finden sich unter den Bildsäulen und heiligen Bildern, sie begeistern die Seher, leiten den Flug der Vögel, bestimmen den Ausfall der Loose, bewirken die Orakel, trüben die Wahrheit stets durch Lüge, denn sie trügen selbst und werden betrogen, sie verwirren das Leben, beunruhigen den Schlaf, schleichen sich in die Körper und erschrecken das Gemüt, verrenken die Glieder, zerstören die Gesundheit, verursachen Krankheiten, um dadurch ihre Verehrung herbeizuführen, indem sie nämlich, durch den Duft der Altäre und durch die Verbrennung von Opfertieren gesättigt, die von ihnen Besessenen freigeben, sodaß sie dadurch ihre Heilung herbeigeführt zu haben scheinen. Die Christen brauchen sich indessen vor solchen Geistern nicht zu fürchten; wenn sie diese Dämonen unter Anrufung von Gottes Namen beschwören, dann weichen jene unter Bitten und Geheul aus den Besessenen (25$_{4\,\text{ff.}}$ cf. ad Donat. 7$_{16\,\text{fl.}}$). Inde (gratia) facultas datur immundos et erraticos spiritus, qui se expugnandis hominibus immerserint, ad confessionem minis increpantibus cogere, ut recedant duris verberibus urguere, conflictantes, eiulantes, gementes incremento poenae propagantis extendere, flagris caedere, igne torrere. Res illic geritur nec videtur: occulta plaga et poena manifesta.

§ 3. Anthropologie.

So stehen sich die Reiche des Guten und des Bösen in scharfem Dualismus gegenüber, Gott und Teufel (hostis, inimicus, serpens, diabolus) streiten um die Herrschaft, und es läßt sich deutlich unterscheiden, wie weit das Reich des einen sich erstreckt, wie weit dasjenige des anderen. Alle Gläubigen sind im Reiche Gottes, alle Ungläubigen, Juden und Heiden im Reiche des Teufels. Wir sahen bereits oben, daß der Teufel den Menschen zur Sünde verführte. Der Mensch war zuerst gut, dann beschlich ihn der Teufel in Gestalt einer Schlange und bethörte ihn mit Hilfe des Weibes (quasi omnes per mulierem decipere posset et fallere, quod fecit in origine 410_{12}). Alles, was geboren ist, ist Gottes (198_2). So sind auch die Kinder als vollkommen anzusehen: quid enim ei deest qui semel in utero Dei manibus formatus est? Nobis enim atque oculis nostris secundum dierum saecularium cursum accipere qui nati sunt incrementum videntur. Ceterum quaecunque a Deo fiunt Dei factoris maiestate et opere perfecta sunt (718_{12-15}).

Der Mensch ist nach Gottes Ebenbilde geschaffen worden. Diese Ebenbildlichkeit veranschaulicht sich C. auf sehr sinnliche Weise, sodaß man versucht sein möchte, sich diese Ebenbildlichkeit als auf körperlichen Vorzügen beruhend vorzustellen. C. stellt zwar keine dogmatischen Lehren darüber auf, aber er ergeht sich in bildlichen Vorstellungen, die immerhin ziemlich weitab liegen vom christlichen Anschauungskreise. Wir müssen indessen hinzufügen, daß nach C.'s Ethik das letzte Ziel des Menschen dasjenige ist, ein vollkommenes Kind Gottes zu werden, nicht etwa zu derjenigen Einsicht bloß zu gelangen, wie viel der Mensch durch den Sündenfall eingebüßt habe, wie man sich danach sehnen müsse, jener paradiesischen Kraft- und Schönheitsfülle wieder teilhaftig zu werden. Nichtsdestoweniger können wir das Urteil nicht zurückhalten, daß auch körperlich der Mensch den göttlichen Vorzügen einst näher standen, darauf scheinen wenigstens die verschiedenen Bilder C.'s hinzudeuten. So z. B. 400_{25} α. Sic perfectos dixit fieri Dei filios, sic consummari ostendit et docuit caelesti nativitate reparatos, si patientia

Dei patris maneat in nobis, si similitudo divina quam peccato
Adam perdiderat manifestetur et luceat in actibus nostris; quae
gloria est similem Deo fieri, qualis et quanta felicitas habere
in virtutibus quod divinis laudibus possit aequari: (cf. dazu
$409_{16\,\text{u.}}$ 410_{24}). Cum in illa prima transgressione praecepti
firmitas corporis cum immortalitate discesserit et cum
morte infirmitas venerit nec possit firmitas recipi nisi cum recepta
et immortalitas fuerit, oportet in hac fragilitate et infirmi-
tate corporea luctari semper et congredi, quae luctatio et congressio non nisi patientiae potest viribus sustineri. — Diabolus
hominem ad imaginem Dei factum impatienter tulit. Auch $421_{8\,\text{u.}}$
scheint in jenem Sinn geschrieben zu sein; wenn der Abfall des
Teufels welcher doch aus Neid geschieht, inter initia statim mundi
vor sich geht, so kann man sich kaum etwas Anderes dabei denken,
als daß der Teufel auf die äußerliche Erscheinung des Menschen
neidisch war, da er doch gleich nach der Schöpfung von den
hohen geistigen Anlagen des Menschen kaum schon eine Vorstellung haben konnte.

Sodann weist auch jene eigentümliche Schilderung ($198_{4\,\text{u.}}$),
wie Gott ein geschminktes Weib im Himmel mit den Worten
zurückweist: opus hoc meum non est, nec imago haec nostra
est, darauf hin, daß diese Ebenbildlichkeit auch äußerlich auf
der Schönheit der menschlichen Gestalt beruhte. Es liegt bei
der Beurteilung solcher Bilder die Gefahr, zu idealisieren, nicht
minder nahe als diejenige, zu materialisieren, wenn auch bei
C. wohl in letzterer Beziehung weniger zu fehlen ist als in
ersterer. Er ringt eben stets mit der Schwierigkeit, dem Volke
durch Bilder anschaulich zu machen, was ihm selbst wohl in
geistigerer Gestalt vorschwebte.

In ähnlicher Weise wird auch die Erbsünde sehr grob ge-
schildert wie eine ansteckende Krankheit, die sich von Geschlecht zu Geschlecht forterbt. Durch den Sündenfall ist
das Sündengift der Schlange in den Körper eingedrungen, dieser
Ansteckungsstoff wird durch die Zeugung auf Kind und Kindes-
kinder übertragen und wirkt so ins Unendliche fort. Cum a
baptismo atque gratia nemo prohibetur, quanto magis prohiberi
non debet infans qui recens natus nihil peccavit, nisi quod
secundum Adam carnaliter natus contagium mortis antiquae
prima nativitate contraxit, qui ad remissam peccatorum acci-

piendam hoc ipso facilius accedit, quod illi remittuntur non propria sed aliena peccata (720$_{18\text{ ff.}}$). Nam cum Dominus adveniens sanasset illa quae Adam portaverat vulnera et venena serpentis antiqua curasset . . . . Jeder ist ohne Ausnahme sündhaft (cum innocens nemo sit 270$_4$). Wir stoßen hier auf eine eigenartige Theorie C.'s, in welcher sich jedoch vielfache Lücken finden.

Der Widerstreit des Göttlichen und Ungöttlichen, wie wir ihn schon im großen zwischen Gott und Teufel betrachteten, wiederholt sich im Menschen zwischen Seele und Leib. Wie sich C. die Seele denkt und wo ihr Sitz sei, darüber reflektiert er nicht. Nur steht es ihm fest, daß die Seele etwas Göttliches, Himmlisches ist. Cum corpus et terra et spiritum possideamus e caelo, ipsi terra et caelum sumus. Die Seele denkt an göttliche Dinge, das Fleisch will sie in ihrem höheren Fluge hindern und auf der Erde zurückhalten: so entsteht ein fortwährender Kampf. Est enim inter carnem et spiritum conluctatio et discordantibus adversus se invicem cotidiana congressio, ut non quae volumus ipsa faciamus, dum spiritus caelestia et divina quaerit, caro terrena et saecularia concupiscit, 278$_{10\text{ ff.}}$ Dieser Kampf kann nur durch göttliche Hilfe beigelegt werden, durch gläubiges Anschließen an die Person des Heilandes (ibid.). Wenn die Seele Gott erkannt hat, dann ist sie über allem erhaben. Postquam auctorem suum caelum intuens anima cognovit, sole altior et hac omni terrena potestate sublimior id esse incipit, quod esse se credit. Die Seelen sind unsterblich, nur mit dem Unterschiede, daß diejenigen der Gläubigen in Frieden und in der freudenreichen Versammlung der Heiligen des Himmels ein Fortleben führen, diejenigen der Ungläubigen in der Hölle zur ewigen Pein bestimmt sind. Unter diesen beiden Möglichkeiten kann jeder wählen, jeder hat den freien Willen, sich für Seligkeit oder Verdammnis zu entscheiden. Et tamen Christus non increpuit recedentes aut graviter comminatus est, sed magis conversus ad apostolos suos dicit: numquid et vos vultis ire? servans scilicet legem qua homo libertati suae relictus et in arbitrio proprio constitutus sibimet ipse vel mortem appetit vel salutem . . . . qui a Christo recedunt culpa sua pereunt, 674$_{11\text{ ff.}}$ Wie sich aber die Gegensätze eines durch Sünde gebrochenen und verderbten Willens und der dennoch behaupteten Willensfreiheit vereinigen lassen, über diese Frage erhalten wir keinen Aufschluß. Jeder einzelne ist für seine Sünde verantwortlich (competit ratio veritatis unumquemque in peccato suo ipsum teneri nec posse alium pro altero reum fieri, 645_{21}). So werden auch die Neugeborenen für die Sünde Adams nicht verantwortlich gemacht (cf. S. 17 u. 18). Für jene Sünden, an welchen der Mensch aktiv beteiligt ist, statuiert C. einen Gradunterschied, wie er hervorhebt im ausdrücklichen Gegensatz zu den Philosophen (und Stoikern), welche alle und jede Übertretung des Vernunftgesetzes für eine $ἁμαρτία$ erklärten; mag sie geringerer oder größerer Art sein, die Vernunft wird doch auf jede Weise negiert. Ep. 55, $635_{5\,\text{f.}}$ ist die einzige Stelle, in welcher sich C. ausdrücklich gegen eine philosophische Richtung wendet: Alia est philosophorum et Stoicorum ratio, qui dicunt omnia peccata paria esse et virum gravem non facile flecti oportere. Inter Christianos autem et philosophos plurimum distat. Et cum apostolus dicat: videte ne quis vos depraedetur per philosophiam et inanem fallaciam, vitanda sunt quae non de Dei clementia veniunt, sed de philosophiae durioris praesumptione descendunt. Er spricht von delictorum genera et qualitates (ep. 15; 515_{13}); Verleugnung des Herrn in der Verfolgung, vor dem Gerichte der Heiden ist zu den schweren Vergehen zu zählen. Ep. 16 nennt er minora peccata, welche durch rechte Buße getilgt werden können, und nennt die Verleugnung des Herrn ein summum delictum 518_2. Ep. 17, 522_{12} (gravis lapsus 539_6) wird jenes Vergehen zu den gravissima et extrema delicta gezählt, welches kaum sühnbar sei, höchstens durch schwere, lange Buße. Mit Härte empfiehlt er den Gefallenen, doch durch das Martyrium ihre Reue zu beweisen: acies adhuc geritur et agon cotidie celebratur, si commissi vere et firmiter paenitent et fidei calor praevalet, qui differri non potest, potest coronari (526_{18}). Andererseits rechnet er die Sünde desjenigen, welcher sich die Bescheinigung, geopfert zu haben, von der Behörde erkauft hatte (libellaticus), nicht so hoch an wie diejenige eines Ehebrechers (cf. $644_{2\,\text{f.}}$). Ein Mangel an Konsequenz läßt sich auch hier wieder zeigen, wie wir später an anderer Stelle noch hervorheben werden.

§ 4. Eschatologie.

Mit der Vorstellung von der Sünde hängt die Vorstellung von der Vergeltung derselben aufs engste zusammen. C. betont es stets, daß die Tugendhaften (Gläubigen) den Himmel erben, die Bösen dagegen die Hölle. Dort winkt sofortiger Lohn, hier lange Peinigung, dort Befreitsein vom Gericht, hier bange Erwartung des Richterspruches des Herrn (ep. 58; 638$_{10}$). Aliud est ad veniam stare, aliud ad gloriam pervenire, aliud missum in carcerem non exire inde donec solvat novissimum quadrantem, aliud statim fidei et virtutis accipere mercedem, aliud peccata omnia passione purgasse, aliud denique pendere in die iudicii ad sententiam Domini, aliud statim a Domino coronari. Wir streifen damit schon die Ansichten C.'s über die letzten Dinge. Seine Eschatologie kleidet sich wiederum in recht auffällige Farben. Mit lebhafter Phantasie malt er sowohl den Himmel wie die Hölle, so daß der Gegensatz beider um so schärfer hervortritt und demzufolge der Wert des christlichen Glaubens um so höher steigt. Wir sahen schon, daß C. sich das Ende der Welt nahe dachte, die Übel, Verfolgungen schienen darauf hinzuweisen. In dieser Beziehung spielt die Idee des Antichristen bei C. eine Rolle, wenn sie auch an großer Unklarheit leidet; denn einerseits bedeutet der Antichrist den die Verfolgung veranstaltenden Kaiser, andererseits denkt ihn C. sich überhaupt in den Übeln der Welt objektiviert. Alles, was sich der Kirche feindlich entgegenstellt, Häresie, Schisma, fällt auch unter den Begriff des Antichristen. Aus allen diesen Übeln werden wir durch den Tod erlöst. Doch der Tod ist eigentlich nur der Übergangspunkt zum wahren, rechten Leben, de mort. 310$_{22}$ ff. Quod interim morimur, ad immortalitatem morte transgredimur nec potest vita aeterna succedere, nisi hinc contigerit exire. Non est exitus iste sed transitus et temporali itinere decurso ad aeterna transgressus. Über die Auferstehung des Leibes findet sich eine bemerkenswerte Äußerung in der Schrift de habitu virginum, welche wir oben schon kurz in anderer Beziehung berührten, S. 198$_5$ ff. Non virgines tantum aut viduas sed et nuptas puto et omnes omnino feminas admonendas, quod opus Dei et factura eius et plastica adulterari nullo modo debeat adhibito flavo colore vel nigro pulvere vel rubore aut quolibet denique liniamenta nativa corrumpente medicamine. Dicit Deus: faciamus hominem ad imaginem et similitudinem nostram: et audet quisquam mutare et convertere quod Deus fecit! Manus Deo inferunt, quando id quod ille formavit reformare et transfigurare contendunt, nescientes quia opus Dei est omne quod nascitur, diaboli quodcumque mutatur ... Non metuis, oro, quae talis es, ne cum resurrectionis dies venerit, artifex tuus te non recognoscat, ad sua praemia et promissa venientem removeat et excludat et increpans vigore censoris et iudicis dicat: 'opus hoc meum non est nec imago haec nostra est'. Cutem falso medicamine polluisti, expugnata est mendacio facies, figura corrupta est, vultus alienus est. Deum videre non poteris, quando oculi tibi non sunt quos Deus fecit sed quos diabolus infecit.

Einen Zwischenzustand kennt C. (wie 310_{22} ff. cf. oben) so auch ad Demetrianum 369_{20} ff. nicht; er ist sogar ausdrücklich ausgeschlossen, mit dem Tode erhält man sofort seine Strafe oder seine Belohnung. Darum finden wir es auch erklärlich, wenn C. auf den Wert des Lebens als die Zeit der Entscheidung hinweist. Nur im Leben ist es möglich, noch etwas von seiner Schuld zu sühnen; diese uns gewährte Frist muß man daher benützen, sonst ist man an seiner Unseligkeit selbst schuld. Ad Demetr. 369_{20}. Securitati igitur et vitae dum licet providete. Offerimus vobis animi et consilii nostri salutare munus; et quia odisse non licet nobis et sic Deo plus placeamus, dum nullam pro iniuria vicem reddimus, hortamur, dum facultas adest, dum adhuc aliquid de saeculo superest, Deo satisfacere et ad verae religionis candidam lucem de profundo tenebrosae superstitionis emergere . . . . Credite et vivite et qui nos ad tempus persequimini in aeternum gaudete nobiscum. Quando istinc recessum fuerit, nullus iam paenitentiae locus est, nullus satisfactionis effectus. Hic vita aut amittitur aut tenetur: hic saluti aeternae cultu Dei et fructu fidei providetur: in isto adhuc mundo manenti paenitentia nulla sera est . . . Tu sub ipso licet exitu et vitae temporalis occasu pro delictis roges et Deum . . . implores. So kann man sich noch in der Sterbestunde entscheiden für die Seligkeit, dann aber, nach dem Abscheiden, ist es zu spät. Der Wert des Lebens ist an und für sich ein äußerst geringer, man muß die Welt mit ihren Genüssen verachten, das Leben ist nur ein hospitium, cf. 405₁₉ ff. Unde unusquisque cum nascitur et hospitio mundi huius excipitur, initium sumit a lacrimis et quamvis adhuc omnium nescius et ignarus nihil aliud novit in illa ipsa prima nativitate quam flere. Providentia naturali lamentatur vitae mortalis anxietates et labores et procellas mundi quas ingreditur in exordio statim suo ploratu et gemitu rudis anima testatur. Insofern stimmt seine Ansicht mit derjenigen Senecas überein (tota flebilis vita est, ad Marc. 11₁₁; ad Polyb. 9₃ ff. omnis vita supplicium est .... in hoc tam procelloso mari navigantibus nullus portus nisi mortis est). Aber so sicher es C. einerseits ist, daß das Leben mit seinen angeblichen Genüssen leer und verächtlich sei, so sicher ist es für ihn, daß es einen unschätzbaren Wert für alle Menschen darum habe, weil man sich im Laufe desselben für Seligkeit und Unseligkeit entscheiden müsse. Insofern bahnt er eine tiefere Lebensanschauung an, welche den Stoikern völlig fern lag. Betrachtete der Stoiker die Güter des Lebens als etwas Gleichgiltiges, so traf dasselbe Maß der Wertschätzung auch das Leben an und für sich, er konnte es als ein Adiaphoron jederzeit von sich werfen, er konnte freiwillig die ihm zugeteilte Lebensspanne verkürzen. So kennzeichnet sich die Lebensanschauung C.'s als ein gewisser empirischer Pessimismus; doch dieser Pessimismus ist nicht kampfesmüde und kraftlos, er ruht auf dem die Welt bewegenden Durst nach Glück, und insofern ist die Lebensanschauung C.'s wieder ein idealistischer Optimismus, ein Optimismus der Hoffnung zu nennen; das selige Glück im zukünftigen Leben verklärt mit seinen Strahlen, welche schon in der Ahnung jener Seligkeit durch das trübe Wolkendunkel eines jammervollen, mit Not und Elend aller Art erfüllten Lebens brechen, das Erdenwallen des Christen. Verachtung der Gegenwart um der seligen Zukunft willen, das erscheint hier als das Programm des Christentums. Bei Marc Aurel äußert sich durchaus das Gefühl der Gleichgiltigkeit, Ataraxie und Apathie bedeuten die Seligkeit eines Stoikers auf Erden. Die Hoffnung verwarfen sie meist, oder sie kamen wenigstens zu keiner Gewißheit (cf. Hirzel, Untersuchungen zu Ciceros philos. Schriften II₂ 860): ἡ ἀρετὴ αὐτάρκης πρὸς εὐδαιμονίαν. Durch dies Gefühl der Gleichgiltigkeit will die Stoa dem unruhigen

Menschenherzen Ruhe verleihen. Doch der Mensch kann in der Gleichgiltigkeit gegen die Welt nicht seinen Zweck hier auf Erden sehen, es giebt höhere Pflichten, welche zu erfüllen sind, Pflichten des Berufes, der Nächstenliebe, welche ihn zwingen, an den allgemeinen menschlichen Aufgaben teilzunehmen. Eine solche Erkenntnis bahnt C., wenn auch nur erst leise, an, er erhöht wenigstens den Wert des Lebens, er giebt demselben wieder eine größere Spannung, insofern er auf seine Bedeutung hinweist. Diese Anschauung wurde bedeutsam für den ferneren Erfolg des Christentums. Je mehr die Hoffnung auf die Parusie geschwunden war, desto mehr mußte sich die Frage aufdrängen, wie der Christ sich mit der Welt auseinanderzusetzen habe, er mußte sich seßhaft fühlen, er mußte in allmählicher Folge zu dem Resultat kommen, daß sittliche Tüchtigkeit im Berufe, die Durchdringung der gesamten Lebensinteressen mit christlichem Geiste auch sittlich vollkommener mache, daß sie das Bewußtsein geben müsse, nicht zwecklos in der Welt zu sein. Daß C. jene Frage im Sinne möglichst strenger Askese und Zurückhaltung von der Welt löste, war ein Irrtum, der sich später zwar noch schroffer zuspitzte, der aber doch nur zur endlichen rechten Auffassung und Lösung der christlichen Lebensaufgabe führte. Es ist keine Frage, daß dieser von C. so formulierten Weltanschauung antik-heidnische Gedanken zugrunde liegen[1]). In der asketischen Enthaltung ist eine Anlehnung an die antike naturhafte Moral zu konstatieren. C. befand sich anfangs auf dem rechten Wege; er empfahl eine Zurückziehung von der Welt zum Zweck innerer Erbauung, inneren Wachstums. Die Zeiten waren ja derart, daß ein Christ in ihnen nicht viel nach außen hin ausrichten konnte. Es ergab sich aus einer solchen Weltflucht für die Christen eine gewisse Verklärung der irdischen Drangsale im Hinblick auf das bessere Jenseits; insofern schienen Geduld und Sanftmut die höchsten Tugenden des Christen sein zu müssen. Von hier aus hätte sich C. aber die weitere Folge ergeben müssen, daß die Ausübung dieser Tugend auch eine gewisse Thätigkeit, nicht nur ein Leiden erforderte. C. blieb indessen auf halbem Wege

---

1) cf. Winkler: Ein Beitrag zur Geschichte des Stoicismus. Diss. Leipzig 1878; Luthardt, Gesch. der christlichen Ethik. 1888.

stehen, indem er die Weltflucht empfahl, ohne danach dem Christen die rechte Stellung der Welt gegenüber anzuweisen, er riß nieder, ohne etwas Neues aufbauen zu können. C.'s irrtümliche Anschauung von dem passiven Verhalten des Christen der Welt gegenüber wurde später auf die Spitze getrieben und dadurch wurde die Möglichkeit geboten, sie eben als eine irrtümliche zu erkennen und die Lösung dieser Frage in der angedeuteten Weise zu versuchen: eine Lösung, welche indessen erst mit der Reformation zustande kam.

Es erhebt sich im Anschluß an die Eschatologie C.'s die Frage, wie sich die Idee eines allgemeinen Gerichtstages, von welchem bei C. sehr oft die Rede ist, mit jener Vorstellung vereinigen lasse, daß es keinen Zwischenzustand von dem Tode an bis zu jenem Tage giebt. Es steht dies unerklärt nebeneinander, und wir müssen uns darauf beschränken, die wesentlichsten Aussprüche C.'s über dieses große Gericht zu sammeln. Wir sehen aus den vielen hierhin gehörigen Stellen (34_{19}; 254_{13}; 655_{15}; 368_{13} a.; 643_{24}; 638_{16} a.; 665_5 a.; 178_8 etc.), daß dieser Tag ein Tag der Sonderung von Bösen und Guten ist, der Herr wird wie ein Feldherr seine Truppen, welche in seinem himmlischen Lager für ihn gekämpft, gesiegt und sich die Siegeskrone erworben haben, an sich vorüberziehen lassen und ihnen den Lohn für ihre Standhaftigkeit zuerteilen; in diese erwählte Schar kann sich niemand einschleichen; es entgeht ihm kein Verdienst der Seinen, aber auch nicht die Nichtigkeit der Ungläubigen. O dies ille qualis et quantus adveniet, cum coeperit populum suum Dominus recensere et divinae cognitionis examine singulorum merita recognoscere, mittere in gehennam nocentes et persecutores nostros flammae poenalis perpetuo ardore damnare, nobis vero mercedem fidei et devotionis exsolvere. Quae erit gloria et quanta laetitia admitti ut Deum videas, honorari ut cum Christo Domino Deo tuo salutis ac lucis aeternae gaudium capias, ... cum iustis et Dei amicis in regno caelorum datae immortalitatis voluptate gaudere, sumere illic quod nec oculus vidit nec auris audivit nec in cor hominis ascendit. Von herrlicher Beredsamkeit zeugt auch eine ähnliche Stelle, der Schluß der Schrift über die Pest. Considerandum est, et identidem cogitandum renuntiasse nos mundo et tamquam hospites et peregrinos hic interim degere. Amplectamur diem qui assignat singulos domicilio suo, qui nos istinc ereptos et laqueis saecularibus exsolutos paradiso restituit et regno. Quis non peregre constitutus properet in patriam regredi? Quis non ad suos navigare festinans ventum prosperum cupidius optet, ut velociter caros licet amplecti? Patriam nos nostram paradisum computamus, parentes patriarchas habere iam coepimus: quid non properamus et currimus, ut patriam nostram videre, ut parentes salutare possimus? Magnus illic nos carorum numerus exspectat, parentum, fratrum, filiorum frequens nos et copiosa turba desiderat iam de sua incolumitate secura, adhuc de nostra salute sollicita. Ad horum conspectum et complexum venire quanta et illis et nobis in commune laetitia est, qualis illic caelestium regnorum voluptas sine timore moriendi et cum aeternitate vivendi, quam summa et perpetua felicitas! Illic apostolorum gloriosus chorus, illic prophetarum exultantium numerus, illic martyrum innumerabilis populus ob certaminis et passionis gloriam et victoriam coronatus, triumphantes virgines quae concupiscentiam carnis et corporis continentiae robore subegerunt, remunerati misericordes qui alimentis et largitionibus pauperum iustitiae opera fecerunt, qui dominica praecepta servantes ad caelestes thesauros terrena patrimonia transtulerunt. Die Ungerechten werden dagegen in ewigem Höllenfeuer gequält (aeterna gehennae supplicia 689_9, gehennae ignis 374_8). Die Ungerechten sind die Spreu, welche vom Feuer verzehrt wird (577_{20}; ep. 37). Nach der Stelle ep. 55; 638_{20}: aliud est pro peccatis longo dolore cruciatum emundari et purgari diu igne wird es zweifelhaft, ob nach einer solchen Reinigung die Sünder doch noch ins Reich Gottes kommen. Dem steht 368_{15} entgegen: quae maestitia perfidorum noluisse istic prius credere et ut credant iam redire non posse. Cremabit addictos ardens semper gehenna; ferner auch unsere Beobachtung, daß von einer solchen Möglichkeit, einem Zwischenzustande, nie die Rede ist. Interessant ist es, wie C., welcher es den Christen seiner Gemeinde untersagte, heidnische Schauspiele zu besuchen, es als ein erfreuendes Schauspiel für dieselben bezeichnet, wenn sie sich, als im Himmel befindlich, an der Qual ihrer Feinde und Verfolger ergötzen. Das kurze Schauspiel, welches sie in ihren Leiden während der Verfolgung den Heiden gegeben haben, bezahlen diese mit ewiger Qual, an welcher sich nun ihrerseits die Christen erfreuen. Im Anschluß an das bekannte biblische Bild sagt C. ep. 57 ; 577: in Domini area constituti exuri paleas inextinguibili igne perspicitis. Ad Demetr. 368₁₆ ff. Cremabit addictos ardens semper gehenna et vivacibus flammis vorax poena, nec erit unde habere tormenta vel requiem possint aliquando vel finem. Servabuntur cum corporibus suis animae infinitis cruciatibus ad dolorem. Spectabitur illic a nobis semper qui hic nos spectavit ad tempus, et in persecutionibus factis oculorum crudelium brevis fructus perpetua visione pensabitur. So werden die Gläubigen dort in Freude leben und mit dem Herrn regieren und richten (cp. 6 ; 481). Ja, die Briefe, die ein jeder geschrieben hat, werden dort vor dem Richterstuhl des Herrn verlesen: habes tu litteras meas et ego tuas, in die iudicii ante tribunal Christi utrumque recitabitur. Die Seligen erscheinen im Himmel in weißen Kleidern (indumenta alba: de mort. S. 309₂₃) cf. 393₁ ; ja sie werden auch äußerlich Christo ähnlich, wenn sie in den Glanz des himmlischen Reiches eintreten (S. 311₁ : Quis non mutari et reformari ad Christi speciem et ad caelestis gratiae dignitatem citius exoptet?).

Mit diesen Bemerkungen über die letzten Dinge können wir die Physik C.'s abschließen. Wir sahen, wie sich bei ihm manche Lücke findet, welche uns daran hindert, ihm ein System philosophischer Gedanken zuzuschreiben, zugleich aber auch, wie er unbewußt unter dem Einfluß der Antike steht und seine Anschauungen sowohl platonisch-aristotelischen als stoischen Gedanken nachbildet.

Cap. III. Ethik.

§ 1. Die Ethik C.'s im allgemeinen.

Wir gehen dazu über, die Ethik C.'s ins Auge zu fassen.

Christus ist die origo veritatis für den Christen, ja für die Menschheit, er ist die vollkommene Weisheit, die sapientia Dei (de un. 209$_{1-6}$; 229$_6$; 228$_{1-12}$), ihm muß man folgen, er ist der illuminator, deductor humani generis (28$_7$; 71$_{15}$). So scheint hier C. durchaus auf dem Grunde des Christentums zu stehen, indem er die imitatio Christi für die Basis des Sittengesetzes erklärt; doch in Wirklichkeit tritt dieser Gedanke an den Erlöser bald zurück, wie überhaupt jedes tiefere Verständnis von Christi Person, der Erlösung vermißt wird. Worin letztere besteht, begegnet uns an keiner Stelle von C.'s Schriften. C. versäumt zwar keine Gelegenheit, aus dem reichen Schatze seiner Bibelkenntnis zu citieren, wenn er die Citate auch höchst willkürlich aus dem Zusammenhange herausreißt und in damals herkömmlicher Weise allegorisiert: aber es tritt in allem mehr das Bestreben hervor, den Wert und den verheißenen Lohn des Glaubens ins Licht zu stellen, als ein tieferes inneres Bedürfnis der Seele zu befriedigen. Kurz der Erlöser tritt zurück, und andere, fremdem Wissen entnommene Gedanken beherrschen die Vorstellungen C.'s. So verdichtet sich bei C. das Vernunftreich der Stoiker zu dem Reiche der Kirche, welche alle umschließt, die überhaupt Anspruch auf wahre Menschenwürde machen wollen. In der Schrift de unitate und an manchen anderen Orten wird dieser Gedanke in aller Schärfe ausgeführt. Man ist entweder in der Kirche oder draußen (foris), man ist damit entweder gut oder verblendet, von Raserei ergriffen (Stob. II 198 ἀρέσκει γὰρ τῷ τε Ζήνωνι καὶ τοῖς ἀπ' αὐτοῦ Στωϊκοῖς φιλοσόφοις, δύο γένη ἀνθρώπων εἶναι, τὸ μὲν τῶν σπουδαίων, τὸ δὲ τῶν φαύλων καὶ τὸ μὲν τῶν σπουδαίων διὰ παντὸς τοῦ βίου χρῆσθαι ταῖς ἀρεταῖς, τὸ δὲ τῶν φαύλων ταῖς κακίαις. — Πᾶς ἄφρων μαίνεται Cic. Par. 4; Diog. VII$_{124}$ — Stob. Ekl. II$_{124}$).

Indem C. in einseitiger Schärfe die Idee der allein in der Kirche vorhandenen Wahrheit vertrat, wurde er ungerecht. Es entging ihm völlig, daß es außer derjenigen in der Kirche auch noch eine objektive Wahrheit geben könne, der man doch eine gewisse Berechtigung zugestehen müsse. Es war die Folge, daß die Kirche im weiteren Verlaufe aus einer Gemeinschaft des Glaubens, der Hoffnung und der Zucht zu einer politischen Gemeinschaft wurde, die nur neben anderem auch das Evangelium in der Mitte hatte (HARNACK, Dogmengesch. I$_{245}$). Die Kirche wurde eine Bedingung des Heils, aber demgemäß hörte sie auf sichere Gemeinschaft des Heils und der Heiligen zu sein (ib. 302). Der Gedanke, daß nur in der Kirche Wahrheit sei, ist bereits von Irenaeus ausgesprochen worden (III 11$_9$; 24$_1$; IV 26$_2$). Auch C. befand sich in der Illusion, daß das Christentum als Ausdruck der höchsten Erkenntnis keiner wissenschaftlichen Verarbeitung bedürfe und auch für den Ungebildeten verständlich sei; daher ersetzt er durch Schroffheit das tiefere Eingehen auf die herrschenden Ansichten. Erklärlich erscheint uns wohl seine Schroffheit, es lag an den verwickelten Verhältnissen der Zeit, die einen festen und energischen Standpunkt erforderten bei einem Manne von der Stellung C.'s. In der Praxis ist C. allerdings weit hinter seiner Theorie zurückgeblieben, er ließ nach dem Grundsatze: quantum in nobis est, si fieri potest, nulla anima perdenda est (718_{11}), Milde walten. Das Beispiel C.'s ist aber nicht ohne Nachahmung geblieben, es ist oft eine allgemeine menschliche Wahrheit, die auch außer der Kirche besteht, geleugnet worden, und so möge uns eine kurze Abschweifung gestattet sein, indem wir eine treffliche einschlägige Stelle aus dem Aufsatz Seneca u. Paulus v. BAUR (HILGENFELD's Ztschr. 1858) citieren: „Hat aber das Christentum neben dem Positiven, das den Charakter der Offenbarung an sich trägt, unleugbar auch einen rein vernünftigen, der Vernunft von selbst einleuchtenden Inhalt, welchen das vernünftige Denken auch zuvor schon sich klar gemacht und das gemeinsame Bewußtsein in sich aufgenommen hat, einen solchen, welcher in jedem Falle nur ausgesprochen und in klarer, populärer, allgemein verständlicher Form dargelegt werden durfte, um allgemein als eine notwendige, über jeden Widerspruch erhabene Wahrheit anerkannt zu werden, wie kann man sich wundern, daß auch schon vor dem Christentum und unabhängig von ihm denkende Geister so vieles, was uns das Christentum, sei es auch besser und bestimmter und in anderem Zusammenhang, in der Hauptsache aber auf dieselbe Weise gelehrt, gedacht und gesagt haben? Dies ist so klar, daß es keines weiteren Beweises bedarf und nur von solchen geleugnet werden kann, die sich das Christentum nur als das orthodoxe Dogma in seiner schroffsten kirchlichen Form, als den Gegensatz gegen alles Natürliche und Vernünftige, als eine alle heidnische Weisheit und Tugend schlechthin verwerfende und verdammende Lehre zu denken gewohnt sind."

So vereinigt auch C. auf den Gläubigen alle Vorzüge, alle Tugenden, ihm kann es an nichts fehlen, er ist unerschütterlichen Mutes, gut, mild, geduldig, dagegen ist der Ungläubige verblendet, rasend, ein lasterhafter Mensch. Ep. 43; $594_{8\,\text{ff}.}$: Adulterum est, impium est, sacrilegum est quodcumque humano furore instituitur, ut dispositio divina solvetur. Procul ab huiusmodi hominum contagione discedite et sermones orum velut cancer et pestem fugiendo vitate (cf. 667$_{17}$ ff.). Errantes in ecclesia colligamus, illis solis foris remanentibus qui obstinatione sua vel furore supersederunt et ad nos redire noluerunt, 602$_{22}$. — Errore deposito et schismatico immo haeretico furore deserto: 614$_{15}$. Dum semper quidam se insolenter extollunt, ipso suo tumore caecati veritatis lumen amittunt, 623$_{11}$. Haec sunt enim initia haereticorum et ortus atque conatus schismaticorum male cogitantium, ut sibi placeant, ut praepositum superbo tumore contemnant, sic de ecclesia receditur, sic altare profanum foris collocatur, 471$_{23}$ ff. — haereticae perversitatis et schismatum venenata pernicies, 224$_{15}$. Darin finden wir den stoischen Dualismus der Weisen und Thoren vollständig wieder. Aber wie den Stoikern, so geht es auch C.: in der Praxis läßt sich diese strenge Scheidung nicht durchführen, der ideale Gläubige C.'s existiert ebensowenig wie der ideale Weise des Stoikers. So sieht sich denn C. gezwungen, zuzugeben, daß die einst Gläubigen sogar lapsi werden können; er nennt sie wohl mortui (514$_{16}$), doch mildert er dies Urteil 635$_{17}$ ff.: opem nostram, medellam nostram vulneratis exhibere debemus, nec putemus mortuos esse, sed magis semianimes iacere eos quos persecutione funesta sauciatos videmus: qui si in totum mortui essent, nunquam de isdem postmodum et confessores et martyres fierent (!). So dürfen denn auch diese, wenn auch erst nach schwerer Buße, in den Schoß der Kirche zurückkehren (636$_6$ ff.). Der Hinweis auf die Barmherzigkeit des Herrn ist erhebend, wie darf man selbs tanders handeln! 637$_{10}$—638$_6$: Jacet ecce saucius frater ab adversario in acie vulneratus. Inde diabolus conatur occidere quem vulneravit, hinc Christus hortatur ne in totum pereat, quem redemit. Cui de duobus assistimus, in cuius parte stamus? etc. Es fällt ferner nicht schwer, in den Büßenden der Christen eine Parallele zu den proficientes (προκόπτοντες, διαλεληθότες) der Stoiker zu finden.

Das Leben des Christen ist ein steter Kampf, und zwar, wie C. sagt, mit dem Teufel und seinen Anhängern. Daher erscheint das Leben des Christen wie eine stete militia. Der Teufel ist es, welcher den Kampf ansagt (certamen, quod nobis hostis indicit). Den Gedanken Senecas, vivere est militare, finden wir bei C. bis aufs Kleinste in seiner Darstellung des Verhältnisses der Christen zur Welt ausgemalt, sodaß wir kaum einen Zug vermissen werden, welcher auf einen wirklichen Kriegsdienst Anwendung finden könnte. Die Idee der ecclesia militans findet sich auch heute noch in der katholischen Kirche. Um die Kämpfer zu stählen in ihrem Widerstande, giebt es bei den Jesuiten gewisse Exerzitien schwererer Art, während die leichteren Exerzitien (z. B. der Rosenkranzandachten) auch von den Schwächeren durchzuführen sind. Das ganze Christentum stellt sich hier bei C. unter den Gesichtspunkt der Machtfrage; es kämpft um seine Existenz mit den Waffen in der Hand. Der Gedanke der in diesem Kampfe zu leistenden äußeren That, das äußerliche Hervorthun in demselben tritt in den Vordergrund, die Hauptleistung ist diejenige, sich in der confessio, im martyrium nach außen hin als standhaften und rechten Christen zu bewähren. Die Bilder, welche C. hier verwendet, des Kampfes, des militärischen Gehorsams dem Vorgesetzten, also dem Bischof gegenüber, der Verteidigung der Fahne des Herrn etc., beweisen deutlich die veräußerlichte Auffassung des Verhältnisses des Christen zu seinem geistigen Lebensgrunde. Psychologisch ist auch diese Anschauung C.'s durchaus erklärlich: die Stimmung der Christen ist eine höchst aufgeregte und gespannte, das Vorgehen der Heiden trieb sie vor die Alternative, entweder jener dämonisch-satanischen Gewalt der Welt sich zu unterwerfen, oder einen Kampf auf Leben und Tod mit ihr einzugehen. Man entschied sich für das letztere, daher tritt das Bild des Kriegsdienstes im Interesse der eigenen Sache in den Vordergrund, Welt- und Todesverachtung sind die Stichwörter der christlichen Lebensanschauung, das Martyrium ist die höchste sittliche Bethätigung eines Christen. Verspüren wir auch gerade, wie in der Empfehlung der Askese, hier einen materialistisch-ethischen Zug, so dürfen wir dennoch an die Beurteilung desselben nur mit der Einsicht herangehen, daß wir in einer solchen Zeit, unter solchen Verhältnissen keine Festigkeit, keine bis ins Einzelne gehende Feststellung der Peripherie der Ethik zu erwarten haben. Die Griechen meinten mit klarer Einsicht der selbsteigenen unmittelbar aufzubietenden Tapferkeit ($\dot{\alpha}\nu\delta\varrho\acute{\iota}\alpha$) zum Guten gelangen zu können, man setzte Vertrauen auf die eigene Stärke; den Kern des Menschen bildet die

Vernunft, und diese zeigt sich stets thätig, so kann man ohne besondere göttliche Hilfe dem innersten Drange Genüge thun. Die Tapferkeit ist dann eine Folge der Voraussetzung, daß die hinreißende Gewalt des Guten wirklich so groß ist, daß man ganz unmittelbar mit mannhaftem Mut für dasselbe einstehen müsse.

Es dürfte nach unserer Untersuchung gewagt erscheinen, bei C. diesen Gedanken, diese Voraussetzung finden zu wollen; es ist zwar keine Frage, daß er mit seiner Gemeinde fest auf die gute Sache vertraut, aber dies Vertrauen, die daraus entspringende Tapferkeit resultiert bei C. doch mehr aus der Hoffnung, einen Lohn für die Standhaftigkeit davon zu tragen, ferner mehr aus der Einsicht, daß nichts Anderes mehr frei stand, als rühmlich für die so lange vertretene Überzeugung auch mit dem Blute einzutreten, weniger aus dem wirklich zum Bewußtsein gekommenen Werte des christlichen Glaubens, daß man nämlich, um dies teure Gut sich unverkümmert erhalten zu können, auch alles dafür einsetzen müsse. Ein schlagender Beweis für diese unsere Meinung liegt ja in dem massenhaften Vorkommen der lapsi, dem immer so energisch wiederholten Rufe C.'s, nun auch festzustehen im Kampfe, nicht zu wanken, der immer wiederholten Versicherung, wie herrlich der Lohn eines Bekenners sei. Nicht ohne Veranlassung nannte C. die Trennung von der Kirche das gravissimum delictum. — Das Leben ist also eine militia caelestis (657_{28} u. oft), im Lager des Herrn (castra dominica, divina castra, castra caelestia, castra Christi, spiritalia castra). Die Christen stehen stets in einer Schlachtreihe (acies), mit den Waffen des Glaubens und der Standhaftigkeit gerüstet (armis fidei armati et parati). Der Begriff acies wird einerseits auf die kampfbereite Stellung des Christen der Welt gegenüber angewendet, andererseits auch zur Bezeichnung Derjenigen, welche wie in einer Reihe dastehen, um Bekenner oder Märtyrer zu werden. Adhuc in saeculo sumus, adhuc in acie constituti, de vita nostra cotidie dimicamus (505_9), cf. 625_{20-25}, 626_{6-8}. Der Feldherr ist der Bischof, seine Pflicht ist es, die ihm anvertraute Fahne zu bewahren (signa 785_{11}). Er muß wie mit Trompetenschall (classico quodam vocis 625_{22}, 317_{12}) das Heer zum Streite anfeuern, und jedes Einzelnen Pflicht ist es, adversus rebelles et hostes imperatoris sui castra defendere. Aber kein Krieger kann eher zum himmlischen Kriegsdienste geschickt sein, als bis er seine Kräfte geübt hat, denn der Feind ist erfahren und ergraut im Kampfe, den die Christen führen (317_{14} n.). Ep. X (cf. S. 5 u. 6) schildert uns den Kampf der Christen in lebhaften Farben, die Qualen der Märtyrer, ihre Standhaftigkeit bilden ein willkommenes Schauspiel für Gott. 490_9 n. Crevit pugna, crevit et pugnantium gloria, ex quibus quosdam iam comperi coronatos, quosdam vero ad coronam victoriae proximos, universos autem quos agmine glorioso carcer inclusit pari et simili calore virtutis ad gerendum certamen animatos, sicut esse oportet in divinis castris milites Christi . . . ., vidit admirans praesentium multitudo caeleste certamen Dei et spiritale, proelium Christi, stetisse servos eius voce libera, mente incorrupta, virtute divina, telis quidem saecularibus nudos, sed armis fidei credentes armatos . . fluebat sanguis, qui incendium persecutionis extingueret, qui flammas et ignes gehennae glorioso cruore sopiret. O quale illud fuit spectaculum Domini, quam sublime, quam magnum, quam Dei oculis sacramento ac devotione militis eius acceptum. Ja, göttliche Hilfe fehlt ihnen im Kampfe nicht, es wird indessen nicht gesagt, worin sie besteht. Es liegt darin ein starker Gegensatz zur Antike: aus dem früher Gesagten ergab sich, wie der Grieche mit eigener Kraft, von Vertrauen auf sein eigenes Vermögen beseelt, seine Sache zu Ende führte; hier hingegen tritt uns die Ohnmacht, die Schwäche der Menschen so recht packend entgegen, nur göttliche Hilfe kann noch den Kampf zu einem siegreichen gestalten: certamini suo adfuit (Christus), proeliatores et assertores sui nominis erexit, corroboravit, animavit, 492_9. Aus diesem Kampfe geht der Christ mit der corona (palma) victoriae hervor; in caelestibus castris et pax et acies habent suos flores, quibus miles Christi ob gloriam coronatur (495_7). Der Teufel liegt niedergeschmettert am Boden (retusus, prostratus), seine Macht ist gebrochen, die Welt ist überwunden (victum, calcatum saeculum). In den Briefen 28 und 54 finden wir noch eine weitere Ausschmückung und Beschreibung jenes Kampfes, in letzterem Briefe wird sogar von den erbeuteten Trophäen gesprochen. Für den Christen liegt die Verpflichtung zum Kampfe gegen das Reich des Teufels in der Thatsache, daß er getauft ist, womit er zugleich der Welt entsagt hat: saeculo renuntiaveramus cum baptizati sumus: sed nunc vero renuntiamus saeculo quando temptati et probati a Deo nostra omnia relinquentes Dominum secuti sumus, 508₁₂. Man darf sich indessen nicht der Sorglosigkeit überlassen, denn den Bewährten stellt der Teufel nun um so eifriger nach (512₃ fl.). Es ist leicht, etwas zu erreichen, aber schwer, das Erreichte zu bewahren (505₁₂). Parum est adipisci aliquid potuisse. Plus est quid adeptus es servare, sicut et fides ipsa et nativitas salutaris non accepta sed custodita vivificat. Nec statim consecutio sed consummatio hominem Deo servat. Diese consummatio muß sich in der disciplina morum zeigen, 509₁ ; 511₄. Qui admirati fuerant prius in virtutibus gloriam nunc admirentur in moribus disciplinam . . qui voce gloriosi fuerunt sint et moribus gloriosi, faciant se dignos ut in omnibus Deum promerentes ad caelestem coronam laudis suae consummatione perveniant. So zeigt sich die ecclesia als wahrhaft einzig und einig in der Bekämpfung des saeculum; die Sieger erlangen die Siegeskrone aus der Hand des Herrn, treten ein in das ewige, freudenreiche Leben im Paradiese. Andererseits geht denjenigen, welche die Kirche verlassen haben, jener Lohn verloren, sie sind des Martyriums nicht einmal wert, der Teufel ist ihrer ja schon sicher, er geht an ihnen vorüber. Selbst wenn sie in der Verfolgung den Tod erleiden, so können sie sich doch die Seligkeit dadurch nicht erwerben. Agnoscite iam qui sit sacerdos Dei, quae sit ecclesia et domus Christi, qui sint Dei servi, quos diabolus infestet, qui sint Christiani, quos antichristus impugnat? Neque enim quaerit illos quos iam subegit aut gestit evertere quos iam suos fecit. Inimicus et hostis ecclesiae quos alienavit ab ecclesia et foras duxit ut captivos et victos contemnit et praeterit, eos pergit lacessere in quibus Christum cernit habitare (ep. 60; 694₆ fl.). — Tales (qui extra ecclesiam sunt) etiam si occisi in confessione nominis fuerint, macula ista nec sanguine abluitur: inexpiabilis et gravis culpa discordiae nec passione purgatur. Esse martyr non potest qui in ecclesia non est: ad regnum pervenire non poterit qui eam quae regnatura est dereliquit . . exhibere se non potest martyrem qui fraternam non tenuit caritatem . . . . ardeant licet flammis et ignibus traditi vel obiecti bestiis animas suas ponant, non erit illa fidei corona sed poena perfidiae nec religiosae virtutis exitus gloriosus sed desperationis interitus.

Occidi talis potest, coronari non potest (de unitate 222 ; 223$_{7;\ 10}$). — ep. 61 ; 697 : haereticos prostatos et semel suos factos contemnit et praeterit ; eos quaerit deicere, quos videt stare. — Die Kirche verlassen zu haben, das schwerste aller Vergehen, kann nie gesühnt werden ; solche Leute sind Frevler am Heiligsten, sie kennen keine Pietät, sie sind aller Laster voll (cf. besonders de unit. C. 19 ; Impietas est matrem deserere, 599 ; Alienus, profanus, hostis est ; habere non potest Deum patrem qui ecclesiam non habet matrem, 214$_{22}$). Auf seiten der Schismatiker ist nur Lug und Trug : ne pro luce tenebras, pro die noctem, pro cibo famem, pro potu sitim, venenum pro remedio, mortem pro salute sumatis, 593$_{19}$. Indessen hat dies ideale Institut der Kirche doch seine Mängel, es giebt in ihr lapsi, libellatici, moechi etc. Sie dürfen aber anklopfen, um wieder hineingelassen zu werden. Unkraut und Weizen ist in der Kirche vermischt, es giebt dort sowohl thönerne, aber auch silberne und goldene Gefäße, daß man Weizen oder ein goldenes Gefäß sei, danach muß man ringen, so 622$_{18}$: nobis tantummodo laborandum est ut frumentum esse possimus. — Nos operam demus et quantum possumus laboremus ut vas aureum vel argenteum simus, ceterum fictilia vasa confringere Domino soli concessum est cui et virga ferrea data est (623$_2$). In diesem Punkte dürfte daher die Ansicht HARNACK's (a. a. O. I. 336 u. 337), daß Cyprian im Sinne des Bischofes Calixt die Kirche niemals als ein corpus permixtum angesehen habe (wenn es auch die Konsequenz seiner Anschauung sei) zu modifizieren sein. — Aus ep. 54, S. 622$_{15}$ geht es klar hervor, daß C. sich wohl bewußt war, wie es in der columba perfecta (213$_7$), dem hortus conclusus, der cohors signata aussah : Nam etsi videntur in ecclesia esse zizania, non tamen impediri debet aut fides aut caritas nostra ut quoniam zizania esse in ecclesia cernimus, ipsi de ecclesia recedamus (cf. dazu oben 623$_2$). Wir sehen, wie grell auch hier wieder die Differenz zwischen Theorie und Praxis ist, dort ist das Vergehen, die Kirche verlassen zu haben, inexpiabilis, extremum et gravissimum delictum (518$_2$; 522$_{12}$; 539$_6$), hier darf man sich nicht das Gericht über die thönernen Gefäße anmaßen. Darum hebt es auch C. an einer weiteren Stelle (cf. auch de unit. 230$_{4-13}$) noch einmal hervor, daß das Bekenner- und Märtyrertum als solches nicht vor Frevel schützt, es müsse die Tugendübung hinzukommen ; 228$_{1-6}$:

Neque enim confessio immunem facit ab insidiis diaboli aut contra temptationes et pericula et incursus atque impetus saeculares adhuc in saeculo positum perpetua securitate defendit: ceterum in confessoribus nunquam fraudes et stupra et adulteria (!) postmodum videremus quae nunc in quibusdam videntes ingemiscimus et dolemus. . . . post confessionem periculum maius est, quia plus adversarius provocatus est . . . . S. 233: Luceat in bonis operibus nostrum lumen et fulgeat, ut ipsum nos ad lucem claritatis aeternae de hac saeculi nocte perducat.

§ 2. Die Ethik C.'s im besonderen.

Da C. überhaupt ein Mann der Praxis, nicht der Theorie ist, so darf es uns auch nicht wundern, wenn wir jene theoretisch so schroff und hart klingenden Sätze in der Praxis gemildert sehen. Der Schäden des Zeitalters, der Laster auch bei den Christen erinnert sich C. sehr wohl, es kam ihm darauf an, bei der Handhabung der Milde doch auch jenes Idealbild des christlichen Bekenners, der christlichen Gemeinschaft, seiner Gemeinde stets wieder vor Augen zu stellen. Dieser Gegensatz begegnet uns auch in seiner speziellen Ethik. Es tritt uns darin zuerst das Bild einer doppelten Sittlichkeit vor Augen, der einen für die Schwächeren, der anderen für die Starken (daß die eine sich auf die Laien bezöge, die andere auf den Klerus, davon bei Cyprian keine Spur; cf. HARNACK a. a. O., 329). Außerdem wird das moralische Ansehen jener Bekenner und Märtyrer über dasjenige gewöhnlicher Christen erhoben.

Für die Formulierung seiner Ansichten über Moral gelten ihm die evangelica praecepta als Norm, wenn er sich auch faktisch viele rigoristisch klingende Abweichungen erlaubt. Für einzelne Fälle gelten C. die Enthüllungen, welche er in Visionen empfängt, als Norm (309_2; 497_{10}; 498_{13}; 520_6; 582_5; 651_7; 734_8). Wir hoben bereits hervor, daß das menschliche Dasein nur deshalb einen Wert habe, weil es Gelegenheit bietet, sich die Anwartschaft auf den himmlischen Lohn zu erwerben. Die Interessen des Christen liegen weitab von denjenigen der Ungläubigen; Weltverachtung ist für den Christen die erste Forderung, Weltverachtung soll er in allen Leiden zeigen

(192₂₁). Daß es Übel giebt, läßt sich in der That nicht leugnen, sie sind aber einerseits für den Christen gar keine Übel, und andererseits muß man sie teils als notwendige Folge des sich nähernden Weltendes ansehen, teils als eine gewisse Strafe für die Sünden. Letzterer Gedanke wird aber nicht so schroff betont, wie ersterer (cf. 496₉; 496₁₀ ₐ.; cf. Cap. II§ ₂). Die Christen darf es nicht betrüben und in Erstaunen setzen, daß sie alles jenes Üble mit den Ungläubigen gemeinsam haben, da sie doch auch in der Welt leben und mit ihnen alle Schwächen des Leibes, die Zugehörigkeit zur Welt teilen. (S. 719₃: pares atque aequales sunt omnes homines bezieht sich aber nur auf die angebliche Ungleichheit von Kind und Erwachsenen behufs Teilnahme an der Gnade.) Es ist jene Stelle (301₇—302₃) eine der schönsten und erhebensten, von bewundernswerter Wärme und Schönheit: At enim quosdam movet quod aequaliter cum gentilibus nostros morbi istius valetudo corripiat: quasi ad hoc crediderit christianus, ut immunis a contactu malorum mundo et saeculo feliciter perfruatur et non hic omnia adversa perpessus ad futuram laetitiam reservetur. Movet quosdam quod sit nobis cum ceteris mortalitas ista communis. Quid enim nobis in hoc mundo non commune cum ceteris, quamdiu adhuc secundum legem primae nativitatis manet caro ista communis? Quoadusque istic in mundo sumus, cum genere humano carnis aequalitate coniungimur, spiritu separamur. Itaque donec corruptivum istud induat incorruptionem, et mortale hoc accipiat immortalitatem, et spiritus nos perducat ad Deum patrem, quaecumque sunt carnis incommoda sunt nobis cum humano genere communia. Sic cum fetu sterili terra ieiuna est, neminem fames separat: sic cum inruptione hostili civitas aliqua possessa est, omnes simul captivitas vastat, et quando imbrem nubila serena suspendunt, omnibus siccitas una est, et cum navem scopulosa saxa confringunt, navigantibus naufragium sine exceptione commune est, et oculorum dolor et impetus febrium et omnium valetudo membrorum cum ceteris communis est nobis, quamdiu portatur in saeculo caro ista communis. Quin immo si qua condicione, qua lege christianus crediderit noscat et teneat, sciet plus sibi quam ceteris in saeculo laborandum, cui magis sit cum diaboli impugnatione luctandum. — Der Christ muß also noch viel mehr leiden als der Ungläubige, da er doch den Angriffen des Teufels mehr ausgesetzt ist.

Darum weiß C. auch die schöne Tugend der Geduld nicht genug zu preisen. Ihrem Lobe hat er die Schrift de bono patientiae gewidmet. Zuerst weist C. die sogenannte Geduld der Philosophen zurück, wobei er offenbar die Stoiker im Auge hat; faktisch aber kommt auch er nicht zu einer tieferen Lehre über den sittlichen Wert der Geduld; sein duldender Christ ähnelt doch sehr dem apathischen Stoiker. Wir können an dieser Stelle auf die früher bereits citierten Stellen 397_{13} ff., $398_{15.\ 18}$ ff. verweisen, wo C. den Philosophen die rechte Geduld abspricht, weil sie die wahre Weisheit nicht haben.

Die Christen sind die Philosophen der That, nicht des Wortes. Es ist interessant, hier zu konstatieren, daß die stoische Philosophie mit demselben Anspruche auftrat, cf. Seneca ep. 20_2: facere docet philosophia, non dicere; nam nec philosophia sine virtute est nec sine philosophia virtus. Chrysipp. (Plut. Sto. rep. 9_6) δεῖ γὰρ τούτοις (τοῖς φυσικοῖς) συνάψαι τὸν περὶ ἀγαθῶν καὶ κακῶν λόγον, οὐκ οὔσης ἄλλης ἀρχῆς αὐτῶν ἀμείνονος οὐδ' ἀναφορᾶς οὐδ' ἄλλου τινὸς ἕνεκεν τῆς φυσικῆς θεωρίας παραληπτῆς οὔσης ἢ πρὸς τὴν περὶ ἀγαθῶν ἢ κακῶν διάστασιν. Bei C. spitzt sich der Gedanke des Alleinbesitzes der Wahrheit, wie wir bereits sahen, noch mehr zu, sodaß alle außerhalb der Kirche Befindlichen Thoren sind. Historisch betrachtet, lagen die Verhältnisse indessen weit anders, erst fast 100 Jahre später trug diejenige christliche Partei, welche auch C. zu seiner Zeit vertrat, über die Novatianer den Sieg davon, indem sich Konstantin d. Gr. jener Partei anschloß und sie dadurch als zu Recht bestehend anerkannte.

Durch Ungeduld ist alles und jegliches Unheil in die Welt gekommen. Der Teufel ist deshalb von Gott abgefallen (cf. oben). Adam geriet durch Ungeduld in Sünde (Adam contra caeleste praeceptum cibi letalis impatiens in mortem cecidit nec acceptam divinitus gratiam patientia custode servavit, 410_{27}). Kain tötete darum seinen Bruder; aus Ungeduld nach einem Linsengericht wurde Esau der Erstgeburt beraubt (411_{12} ff.). Ja, die Ungeduld ist der wahre Grund von Spaltungen und Häresieen (impatientia etiam in ecclesia haereticos facit et ad Iudaeorum similitudinem contra Christi pacem et caritatem rebelles ad hostilia et furiosa odia compellit). Überhaupt ist der Schaden, welchen die Ungeduld anrichtet, unermeßlich: die Geduld erbaut, die Ungeduld reißt nieder (411$_{15}$). Sie ist eine große Sünde, ihre Vorteile aber sind unzählbar. S. 411$_{26}$ ff. zählt C. einige ihrer Segnungen auf. Geduld zu üben, ist darum Pflicht der Christen, weil Gott es befohlen hat (411$_{26}$), weil Gott und Christus uns selbst die herrlichsten Vorbilder sind. Von Gott geht sie aus: Est nobis cum Domino virtus ista communis. Inde patientia incipit, inde claritas eius et dignitas caput sumit. Origo et magnitudo Deo auctore praecedit, 398$_{23\,f.}$ Da Gott selbst im höchsten Grade diese Tugend besitzt, so dürfen wir uns darin nicht von ihm unterscheiden, weil er unser Vater ist, es ist geradezu ein Gebot der Pietät: non d e c e t esse degeneres, 399$_2$. Gott erträgt alle Verletzungen seiner Majestät, er läßt über Böse und Gute die Sonne aufgehen und regnen; Fromme, Gottlose, Dankbare, Undankbare werden von Gott ertragen. In unerschütterlichem Gleichmut läßt Gott Winde entstehen, Quellen fließen, Saaten gedeihen, die Weintrauben reifen, die Äpfelbäume reichlich tragen, die Wälder sich mit Laub bedecken, die Wiesen grünen. Er hält seinen Unwillen zurück, damit es möglich ist, daß der Mensch seine Schuld einsehe, sich ändere und zum Herrn komme (399). Nicht weniger leuchtet uns Christus in jener Tugend vor, er lehrte sie nicht bloß, er übte sie. Er verzichtet auf göttliche Ehre und göttlichen Stand, läßt sich von einem Knechte taufen, er hält es nicht unter seiner Würde, die Taufe an sich vornehmen zu lassen, er fastet, erträgt die Versuchung, wäscht die Füße der Apostel, duldet den Judas um sich, obwohl er wußte, daß er ihn verraten würde; er erleidet, unsterblich, dennoch den Tod. So war Christus bis zum Tode am Kreuz ein leuchtendes Vorbild in jener Tugend. Dies alles ist für den Christen Grund genug, wenn er den Herrn angezogen hat, auch sich jener von ihm geübten Geduld zu befleißigen. Das Leben ist nun einmal zum Leiden und Ertragen bestimmt (sudatur enim quamdiu istic vivitur et laboratur). Daher muß man durch Geduld sich das Schwere erleichtern und sich das Leben nicht noch mehr erschweren (405 unten). Selbst in den körperlichen Leiden verschlimmern wir die Schmerzen nur durch Ungeduld (409$_{14\,ff.}$). Aus allem ergiebt sich, daß es nötig ist, Geduld zu üben. C. weiß mit großer Beredsamkeit alle jene Vorteile der Geduld zu schildern, sodaß wir zweifelhaft werden, ob er sich des Selbstwertes jener Tugend wohl bewußt gewesen sei; es fehlt ihm entschieden an der Tiefe der Gedanken, er geht gar nicht darauf ein, daß uns doch das Üben der Geduld im Innersten befriedigen müsse, daß sie ihren Lohn in sich selbst trage, daß es uns zur sittlichen Pflicht gemacht werden müsse, unsere Selbstsucht zurückzudrängen, nicht den Egoismus sprechen zu lassen, sondern gerade im Hinblick auf unser göttliches Vorbild, aus Nächstenliebe, uns der Geduld und Demut zu befleißigen. Den gleichen Mangel entdecken wir in der Schrift de habitu virginum, welche die Keuschheit als eine Tugend empfiehlt. Diese Schrift lehnt sich an Tertullians Schrift de castitate eng an.

C. ist durchaus nicht der Ansicht, daß Ehelosigkeit und Keuschheit von allen Menschen beobachtet werden müsse, aber es verdient sich doch derjenige einen höheren Anspruch auf Seligkeit und Lohn, welcher der Welt auch in diesem Punkte entsagt und Enthaltsamkeit sich auferlegt. Wir sind templa Dei (188_{12} u. oft), wir dürfen diesen reinen, gottgeweihten Tempel nicht durch geschlechtliche Vermischung entweihen, jedenfalls erwirbt sich derjenige einen herrlichen Lohn, welcher das Gelübde der Keuschheit ablegt, welcher es bis an sein Lebensende hält und so seinen Leib unbefleckt bewahrt. An einzelnen Stellen malt es C. bis ins Einzelne und Kleinste aus, wie jenes templum entweiht werden könne durch Unkeuschheit, widernatürliche Unzucht, ja auch durch Putz (wie wir schon S. 17. 20 sahen). Jede praevaricatio veritatis überliefert den Menschen, welcher sie an sich vornimmt oder vornehmen läßt, den Händen des Teufels (diaboli quodcumque mutatur, 198_{16}; opus Dei adulterari nullo modo debet, 197_7). Jener Tugend giebt er einen großen Umfang (190): Continentia vero et pudicitia non in sola carnis integritate consistit sed etiam in cultus et ornatus honore pariter ac pudore. Die continentia empfiehlt er noch besonders, ep. XI. 500_{12} ff.: Sed et de victu parco et sobrio potu divinis dignationibus admonemur, scilicet ne vigore caelesti sublime iam pectus illecebra saecularis enervet, vel ne largioribus epulis mens gravata minus ad preces orationis evigitet. — Wie er es vorher mit den Märtyrern und Bekennern machte, so sucht auch hier C. den Jungfrauen der Gemeinde selbst einen hohen Begriff von dem Wert ihrer Entsagung zu geben, wenn er sagt: Vos resurrectionis gloriam in isto saeculo iam tenetis, per saeculum sine saeculi contagione transitis: cum castae perseveratis et virgines, angelis Dei estis aequales. Tantum maneat et duret solida et inlaesa virginitas et ut coepit fortiter, iugiter perseveret nec monilium aut vestium quaerat ornamenta sed morum (203_{13} ff.). — 189_{11} ff.: Flos est ille (virgines) ecclesiastici germinis, decus atque ornamentum gratiae spiritalis, laeta indoles, laudis et honoris opus integrum atque incorruptum, Dei imago respondens ad sanctimoniam Domini, illustrior portio (!) gregis Christi. Gaudet per illas et in illis largiter floret ecclesiae matris gloriosa fecunditas, quantoque plus copiosa virginitas numero suo addit, gaudium matris augescit. Es ist eine herrliche Entsagung, welche solche Jungfrauen üben. Doch weiß er diese Entsagung durch Anführung trivialer Gründe annehmbarer zu machen, so stellt er den Jungfrauen vor, wie vielen Leiden sie dadurch aus dem Wege gingen, daß sie nicht einem Manne, sondern nur Christus zu dienen brauchten, daß ferner auch kein Bedürfnis vorliege, die Welt mit noch mehr Menschen zu bevölkern, sie sei schon überfüllt, daß ihnen zuletzt ein schöner Lohn winke etc. cf. 202_{27}: Vultis scire quo malo careat et quid boni teneat continentiae virtus? „Multiplicabo, inquit mulieri Dominus, tristitias tuas et gemitus tuos, et in tristitia paries filios, et conversio tua ad virum tuum et ipse tui dominabitur." Vos ab hac sententia liberae estis, vos mulierum tristitias et gemitus non timetis, nullus vobis de partu circa filios metus est: nec maritus dominus, dominus vester et caput Christus est ad instar et vicem masculi, sors vobis et condicio communis est. — Dum adhuc rudis mundus est et inanis, copiam fecunditate generantes propagamur et crescimus ad humani generis augmentum: cum iam refertus est orbis et mundus impletus, qui capere continentiam possunt spadonum more viventes castrantur ad regnum (203_{24} ff.). Der Lohn der Enthaltsamkeit ist sicher und verbürgt: a Deo mercedem virginitatis exspectant (190_3). Magna vos merces manet, praemium grande virtutis, munus maximum castitatis (202_{26}). Ziehen wir hier noch die Stelle ep. 55, 646_{17} an, wo C. davon spricht, daß der Arbeiter doch nicht arbeiten würde, wenn er nicht auf eine gute Ernte hoffte, so sehen wir, daß der Selbstwert der Tugend eine verschwindende

Rolle spielt gegenüber dem Nutzen, den sie sie bringt. C.'s Ethik können wir somit nur als eine durch einen eudämonistischen Zug charakterisierte bezeichnen.

Hatte C. in seiner Schrift über die Geduld die Vorteile derselben in den Vordergrund gestellt, so sucht er gewissermaßen als das Gegenstück dazu in seiner Schrift de zelo et livore die bösen Folgen des **Neides** und der **Eifersucht** darzulegen. Schrieb C. früher den Fall des Teufels der Ungeduld zu, so sagt er hier, der Neid sei die Ursache seines Falles gewesen. Wer neidisch ist, ahmt dem Teufel nach (421_{19}), C. giebt eine sehr anschauliche, lebendige Schilderung jenes Übels. Der Neid ist radix malorum omnium, fons cladium, seminarium delictorum, materia culparum. Wer neidisch ist, gehört nicht mehr sich selbst an, er hat sich unter eine fremde Gewalt begeben. Neid treibt zu Spaltungen und Ketzereien, zerstört die Eintracht und die Liebe. Suspiratur semper et ingemescitur et doletur, dumque ab invidis numquam livor exponitur, diebus ac noctibus pectus obsessum sine intermissione laniatur. Mala cetera habent terminum et quodcunque delinquitur delicti consummatione finitur. In adultero cessat facinus perpetrato stupro, in latrone conquiescit scelus homicidio admisso et praedoni rapacitatem statuit possessa praeda et falsario modum ponit impleta fallacia. Zelus terminum non habet, permanens iugiter malum et sine fine peccatum, quantoque ille cui invidetur successu meliore profecerit, tanto invidus in maius incendium livoris ignibus inardescit. Hinc vultus minax, torvus aspectus, pallor in facie, in labiis tremor, stridor in dentibus, verba rabida, effrenata convicia, manus ad caedis violentiam prompta, etiamsi a gladio interim vacua, odio tamen furiatae mentis armata .... Multo malum levius et periculum minus est, cum membra gladio vulnerantur. Facilis cura est ubi plaga perspicua est, et cito ad sanitatem medella subveniente perducitur quod videtur. Zeli vulnera abstrusa sunt et occulta, nec remedium curae medentis admittunt quae se intra conscientiae latebram caeco dolore cluserunt. Quicumque es invidus et malignus, videris quam sis iis quos odisti insidiosus, perniciosus, infestus. Nullius magis quam tuae salutis inimicus es. Quisque ille est quem zelo persequeris subterfugere et vitare te poterit; tu te non potest fugere; ubicumque fueris, adversarius tuus tecum est, hostis semper in pectore, pernicies intus inclusa est, ineluctabili catenarum nexu ligatus et vinctus es, zelo dominante captivus es, nec solacia tibi ulla subveniunt. Perseverans malum est hominem persequi ad Dei gratiam pertinentem, calamitas sine remedio est odisse felicem. Diese Schilderung ist ebenso lebhaft, wie anziehend und verfehlt auch jetzt nicht Eindruck auf uns zu machen.

Weil darum dies Übel ein so großes und ein das Seelenheil hemmendes ist, muß man sich davor hüten, man soll sich der Demut und der Liebe befleißigen, das ist das Band, welches die Glieder der Kirche untereinander verknüpft. Habet et pax coronas suas, quibus de varia et multiplici congressione victores prostrato et subacto adversario coronamur. Libidinem subegisse continentiae palma est. Contra iram, contra iniuriam repugnasse corona patientiae est. De avaritia triumphus est pecuniam spernere. Laus est fidei fiducia futurorum mundi adversa tolerare. Et qui superbus in prosperis non est gloriam de humilitate consequitur. Et qui ad pauperum fovendorum misericordiam pronus est retributionem thesauri caelestis adipiscitur. Et qui zelare non novit quique unanimis et mitis fratres suos diligit dilectionis et pacis praemio honoratur. In hoc virtutum stadio cotidie currimus, ad has iustitiae palmas et coronas sine intermissione temporis pervenimus (430_{22} de zelo). Milde und Demut betont C. öfter als die schönen Tugenden der Christen. Nur auf dem Wege, welchen Christus uns zeigte, können wir zu seinem Reiche kommen (484_{15}; cf. ep. 7, 18; de pat. 397_{13}; 431_{16}).

Das Wesen der christlichen Aufgabe liegt also darin, der Welt, welcher man in der Taufe entsagt hat (508_{13}), nun auch durch ein tugendhaftes und sittenreines Leben wirklich zu entsagen, sie zu überwinden (394_{24}). Diese Entsagung bedeutet einen steten Kampf (505_{9}) mit dem Teufel einerseits in äußeren Trübsalen, dann andererseits in der eigenen Brust. Bieten wir durch jenen Kampf dem Herrn schon ein willkommenes Schauspiel, so vollenden wir im Kampfe mit uns selbst, im Nacheifer des Wandels des Herrn (consummatio 505_{12-15}: 509; 511_{4}) unser Streben. Obgleich beide Arten des Kampfes koordiniert erscheinen, obgleich es C. nicht entgangen zu sein scheint, daß die Hauptaufgaben des Christen auf sittlichem Gebiete liegen, so tritt doch an den betreffenden Stellen der Ruhm jenes äußeren Kampfes für die Kirche, die Ehre der confessio, des martyrium über die Maßen in den Vordergrund. Als das Band, welches die Gläubigen in der Kirche zusammenhält, bezeichnet C. die Liebe (222 u. oft), faktisch aber tritt das äußere Bekenntnis in den Vordergrund, durch dasselbe bestätigt man seine Zugehörigkeit zur Kirche. Die Auffassung der ethischen Pflichten geht somit bei C. nicht sehr tief; Barmherzigkeit, Liebe, alle christlichen Tugenden dienen nur zur Linderung der äußeren Not, zur Gestaltung einer äußeren, von der Außenwelt schroff abgeschlossenen Gemeinschaft, die tieferen Bedürfnisse des Herzens bleiben unbefriedigt; wie man die innere Not seines Mitmenschen lindern könne, wie man zu dem äußeren Bekenntnisse auch die feste und unerschütterliche Überzeugung des Herzens hinzubringen müsse, das bleibt unerörtert; mit dem Hinweise auf den großen Lohn eines tugendhaften Lebens glaubt C. dargethan zu haben, daß sich niemand seinen sittlichen Pflichten entziehen könne.

Wir finden unser Urteil durch die Schrift de opere et eleemosynis hinreichend bestätigt. Welch ein Schauspiel ein A l m o s e n, ein gutes Werk für Gott sei, diese Betrachtung tritt uns oft entgegen, ebenso diejenige, wie großen Lohn man sich dadurch erwerbe. Mit seiner Lehre vom opus operatum und seiner Verdienstlichkeit ist C. der Vater der katholischen Lehre von der Verdienstlichkeit der guten Werke geworden (389_{20} ff; 393_{23}). Die Idee, daß C. das Thun guter Werke als ein Schauspiel für Gott bezeichnet, können wir als eine Fortbildung jenes antiken Gedankens bezeichnen, wonach man durch gute Werke seinen Mitmenschen ein Schauspiel giebt, sich ihr Lob und Ermunterung erwirbt. Bei C. tritt das göttliche Element hinzu, wodurch der Wert jener Tugendübung nur noch gesteigert wird, denn vermag man selbst Gottes Wohlgefallen durch eine gute Handlung zu erregen, so ist es zweifellos, daß sie von unermeßlichem Werte für uns selbst sein muß, cf. Cap. II$_{\S\ 1}$. S. 5 u. 9.

So ist es denn C.'s dringende Ermahnung, daß der Christ seinen Gott geweihten Tempel mit den echten, unvergänglichen Farben wahrer Tugend schmücke, ein solches Haus sei fest und sicher gegründet: Pingamus hanc domum pigmentis innocentiae, luminemus luce iustitiae. Non haec umquam procumbet in in lapsum senio vetustatis, nec pigmento parietis aut auro exolescente foedabitur. Caduca sunt, quaecumque fucata sunt, nec fiduciam praebent possidentibus stabilem quae possessionis non habeant veritatem. Hoc manet cultu iugiter vivido, honore integro, splendore diuturno. Aboleri non potest nec extingui, potest tantum in melius corpore redeunte formari, 15_{25} ff.

Übersicht und Ergebnis.

Wir stehen am Schlusse unserer Untersuchung. Wir lernten C. als einen Mann kennen, der von lebendigem, warmem Interesse für die Bedürfnisse seiner Zeit beseelt ist, der aber zugleich einen einseitig schroffen Standpunkt vertritt, indem er die äußere Teilnahme an dem Institute der Kirche als eine Bedingung des Seelenheils hinstellt. Es gerät dadurch jener kosmopolitische Gedanke des Christentums, daß alle Menschen Brüder seien, bedenklich ins Schwanken. Daß er ein Mann lebhaften Gefühles, lebhafter Phantasie ist, zeigt sich darin, daß er sein Interesse stets dem der Besprechung unterliegenden Gegenstande ausschließlich zuwandte, seine ganze Wärme auf denselben konzentrierte, sodaß bald Geduld, bald Keuschheit, bald die confessio als höchste Tugendbethätigung erschien. Dadurch gewinnen seine Anschauungen den Anblick des Inkonsequenten und Schwankenden.

Als Denker steht C. auf keiner hohen Stufe, er ist weder produktiv, noch tief und scharfsinnig, ebensowenig ist er original; es finden sich im besonderen in seinen Schriften sehr viele Berührungspunkte mit Tertullian. Aber er ist bewundernswert als Praktiker, er behandelt alle Fragen mit einer gewissen Energie und Sicherheit, fast könnte man sagen Unfehlbarkeit. Er versucht stets die Lösung; mag diese auch oft mit unseren Ansichten disharmonieren, so entspringt sie doch den Zeitverhältnissen, es war keine Zeit, in welcher sich ein Mann mit Muße der Lösung theoretischer Aufgaben hätte widmen, wo er darüber hätte reflektieren können, in welcher Weise der wahre sittliche Inhalt des Christentums den veränderten Zeiten gegenüber festzustellen sei. Die Zeit erforderte einen energischen, entschlossen eingreifenden Mann. So verstehen wir denn seine Stellung der Häresie und dem Schisma gegenüber. Der reine Theoretiker sucht die Gegensätze zu verbinden, er folgt conciliatorischen Tendenzen. Für den Praktiker giebt es immer nur ein Entweder—Oder, auf jedem Gebiete des bewegten Lebens kann nur auf solche Weise etwas Großes zustande gebracht werden, selbst wenn die vertretene Ansicht sich durch Einseitigkeit, Schroffheit unangenehm bemerklich macht. Aber das wird stets die scharfe Würze des durchaus energischen Mannes bleiben. C. legt sich die Welt in Freund und Feind auseinander, Teufel und Gott, Häretiker und Bekenner stehen sich scharf gegenüber; er scheidet nach dem Grundsatze: wer nicht mit mir ist, der ist wider mich, eine Scheidung, welche in der That die beste Klärung aller Verhältnisse liefert. Auch hierin zeigt sich C. als ein gewisser praktischer Pessimist. Auf wissenschaftlichem Gebiete wird ein solches Vorgehen stets unerträglich sein, aber der Drang des Lebens erheischt in den meisten Fällen ein unbeirrtes Geradeausgehen, ohne nach rechts oder links zu blicken, und ebenso wird ein so gearteter Charakter sich vermöge seiner Rücksichtslosigkeit stets bald den Weg bahnen. Unter solchen Gesichtspunkten, indem wir nochmals ausdrücklich auf den anormalen Stand der Dinge und auf den sittlichen Verfall der antiken Welt hinweisen, wird also C.'s Einseitigkeit und Schroftheit in bedeutend milderem Lichte erscheinen.

Seine materialistisch gefärbte Ethik erscheint uns zwar psychologisch verständlich, aber durchaus nicht gerechtfertigt. (Von der Behandlung der speziell die Theologie angehenden magisch-materialistischen Auffassung der Sakramente u. s. w. mußte hier abgesehen werden.) Im Gegenteil ist einer idealisierenden Auffassung gegenüber stets daran zu erinnern, daß C. dem rechten innerlichen Geiste des Christentums in vieler Beziehung fern steht, daß er bereits ein veräußerlichtes Christentum in seinen Anschauungen lehrt. Wir verweisen hier zusammenfassend auf die von ihm zuerst mit besonderem Nachdruck gepriesene Werkheiligkeit, auf den immer bis zum Überdruß hervortretenden Gesichtspunkt des Lohnes, unter welchen sich alle Leistungen stellen. Bei der Beurteilung der Sünde ist ausschlaggebend, wie weit man sich äußerlich befleckt hat (z. B. in der Frage der Keuschheit, der lapsi). Auf das Innere wird kein Gewicht gelegt. Infolgedessen tritt der Gedanke der sittlichen Sühne und Buße, des inneren Schmerzes über die Sünde vollständig in den Hintergrund. Bei der Liebesthätigkeit wiesen wir darauf hin, wie wenig C. die innere Herzensnot kannte, daß er nicht einmal daran dachte, auch für solche Zustände inneren Zwiespaltes Vorschriften zu geben. Er legt Gewicht darauf, daß man die äußere Not des Nächsten lindere, daß man die Konflikte mit der Welt siegreich überwinde, dagegen von inneren sittlichen Konflikten (in welchem Ausdruck wir uns dem herrschenden unlogischen Sprachgebrauch anschließen) erfahren wir nichts. Der wahrhaft große Gedanke, unserer selbst Herr zu werden, über unseren eigenen Menschen zu siegen, ist C. gänzlich unbekannt. Um so auffälliger steht der Hinweis auf den Lohn im Jenseits im Vordergrund. Die Märtyrer haben das erste Anrecht auf Seligkeit, die Jungfrauen (C. 21 de habitu) das nächsthöhere. Die antike Ethik kennzeichnet sich vor einer solchen als weit edler und ansprechender, dort wird die Tugend um der Tugend willen geübt, hier nur um des Lohnes willen. Daß jener eudämonistische Zug bei C. wohl verständlich sei, betonten wir bereits; er findet sich bei Augustin nicht, wenigstens erscheint die Seligkeit nicht geradezu als der Lohn. Es ist hier noch zu konstatieren, daß die im III. Lib. Testimonia ad Iudaeos enthaltene Sammlung von 120 ethischen Regeln einige tiefere Gedanken enthält, als wir sie sonst gerade in C.'s Schriften finden; es ist merkwürdig, daß gerade jene Regeln, welche hier übrigens nur durch Bibelstellen belegt sind und einen höheren, geistigen Standpunkt kennzeichnen, in den Schriften niemals kommentiert sind. Es schien darum uns die Begründung zu fehlen, einen Versuch einer Systematisierung zu unternehmen, insofern die sonstigen grundlegenden ethischen Regeln in C.'s Schriften wiederkehren und besprochen sind. GASS (a. a. O. S. 106) bemerkt darüber: „Aus solchen Steinen könnte man wohl für christliches Stillleben und Gemeindeverband einen Tempel zusammenfügen, aber fast ohne Ausblick in die größeren Weltverhältnisse."

Wie weit wir Anzeichen einer materialistisch gefärbten Ethik bei C. fanden, haben wir bereits oben gesehen. Es steht C.'s Ethik aber auch vor der Gefahr, eine rein negative zu werden, die antike Ethik hatte unmittelbar einen positiven Charakter. Die Gerechtigkeit ($\delta\iota\varkappa\alpha\iota o\sigma\acute{v}\nu\eta$) galt als Haupttugend (so Plato und Aristoteles), sie regelt das aktive Verhältnis des Einzelnen zum Einzelnen, zur Gesellschaft, und auch zu sich selbst in seinem eigenen Innern. Es tritt uns darin wieder ein Grundunterschied der Antike und der neuen christlichen Ära entgegen, den wir bereits andeuteten. Dort steht die Überzeugung der eigenen sittlichen Kraft in dem Vordergrund; wie der Staat mächtig und blühend war, so gab das Bewußtsein, einem geregelten, tüchtigen Staatswesen anzugehören, auch jedem der Bürger ein Gefühl der Kraft, des Selbstbewußtseins; man zweifelte noch nicht an sich selbst: ein tapferer Sinn, ein gerechtes Handeln charakterisierte diese Epoche des blühenden griechischen Staatslebens. Die Skepsis, Hand in Hand mit dem Zerfall griechischer Macht, erzeugt erst das Gefühl der Ohnmacht, der Schwäche, des Zweifels. Dieser Zweifel an der eigenen sittlichen Kraft, getragen von dem Bewußtsein, der Mensch selbst sei böse, die ihn umgebende Welt sei im Dienst des Bösen, ist ein Hauptstück des Christentums geworden und wirkt im alten Christentum mit besonderer Stärke. Die Wirklichkeit ist nun anormal, der Kampf zwischen dem Göttlichen und dem Widergöttlichen im All und im Menschen ist eröffnet. Wir schilderten, wie C. in diesem Kampfe gegen die Welt des Bösen die Hauptaufgabe eines tüchtigen Christen sah. In diesem Kampf ist nach Lage der Dinge das Gute zunächst im Nachteil, und es waltet keine Hoffnung, es hier zum Siege zu bringen, daher ist es nicht wunderbar, wenn der Christ als der vom Stärkeren Angegriffene eine gefährliche Rolle durchzuführen bestimmt ist. Er wird sich im letzten Grunde darauf bebeschränken müssen, in Geduld das Elend zu ertragen, welches vom Bösen über ihn verhängt wird. Und so betont auch C. faktisch mehr diese passive Seite des Christen als das aktive Eingreifen, es kommt nur darauf an, sich rein und unbefleckt zu erhalten, um dann mit dem Tode in die erwünschte Glückseligkeit eintreten zu können. Es kennzeichnet sich uns demnach C.'s Ethik als eine vorwiegend negative. Wir betonten bereits, wie C. keine Anleitung giebt, das Verhältnis der Christen untereinander mittelst der Liebesübung zu regeln. Und wenn er im Hinblick auf die Grundlagen des Christentums von Sanftmut, Bruderliebe, Bereitwilligkeit zum Vergeben etc. spricht, so räumt er solchen Erörterungen nur den Hintergrund seiner Betrachtungen ein, und es gewinnt den Anschein, als ob seine Ethik nur theoretisch verinnerlicht sei, als ob dagegen seine praktischen Ideale, welche im Vordergrunde seines Denkens stehen, weitab vom eigentlichen Kern des Christentums liegen. Vergessen dürfen wir zwar, wie gesagt, nicht, was die Zeit erforderte, daß sie geeignet war, einen Mann wie C. einer gewissen Einseitigkeit in die Arme zu treiben. So lenkt sich unser Blick stets wieder auf diese praktischen Ideale C.'s, auf seine äußere Institution der Kirche und die zu der Zugehörigkeit nötigen äußeren Bedingungen. Wenn ferner C. die Vergeistigung und Versittlichung des Menschen in seiner Entsinnlichung zu erreichen sucht, so gehört das weniger dem christlichen als dem antik-heidnischen Standpunkte an. Diesem nicht erfreulichen Ergebnisse gegenüber wird es stets als ein Verdienst C.'s bezeichnet werden müssen, daß er darauf hinwies, welch einen unendlichen Wert das Erdenleben im Hinblick auf die Zukunft habe, und durch den Hinblick darauf dem Leben eine kräftigere Spannung verlieh. Er lenkt den Blick von der Erde in höhere Sphären, das $\tau \acute{\varepsilon} \lambda o \varsigma$ des Menschen sieht er nicht erschöpft durch die Erfüllung der $\varkappa \alpha \vartheta \acute{\eta} \varkappa o \nu \tau \alpha$ (cf. HIRZEL a. a. O. S. 853), mag er diese $\varkappa \alpha \vartheta \acute{\eta} \varkappa o \nu \tau \alpha$ auch nur ganz äußerlich als die Pflicht, der Kirche treu zu bleiben und alle Bedingungen zu ihrer Zugehörigkeit zu erfüllen, auffassen, nein, er sieht das $\tau \acute{\varepsilon} \lambda o \varsigma$ des Menschen vielmehr in einem vollkommneren, seligen Leben im Jenseits und darum ermahnt er, die Zeit des Erdenlebens zur Vorbereitung auszunutzen. Diese Festigkeit des Glaubens an eine höhere Welt, gegenüber welcher die irdische nichtig sei, läßt C. im vorteilhaften Lichte erscheinen; aus dieser Festigkeit entspringt ihm der Mut, den Kampf mit dem Leben aufzunehmen, das Vertrauen, ihn auch siegreich durchzuführen. Der Glaube an die bessere jenseitige Welt ist ihm genügender Grund, auf die Teilnahme an den ohnehin in Zerrüttung befindlichen Weltverhältnissen zu verzichten, einem thätigen Einwirken auf dieselben zu entsagen.

So sehr C. auch unter dem Einflusse seiner Zeit irrte, so sehr müssen wir uns hüten, die persönliche Erscheinung, die trotzdem hohe kirchliche Bedeutung C.'s in irgend einer Weise anzutasten. Trotz seiner vielfachen Widersprüche, seiner oft zusammenhanglosen und inkonsequenten Argumentation ist er ein Mann von einheitlichem Charakter, von eminent praktischer Bedeutung auf kirchlichem Gebiete.

Es sei uns vergönnt, unsere Untersuchung mit den Worten bei BÖHRINGER (a. a. O. S. 1037) zu schließen: „Der Charakter C.'s zeigt alle die Tugenden und Fehler, alle die guten und schlimmen Eigenschaften eines begeisterten Hierarchen. Hochachtung und Bewunderung kann man dem Manne nicht versagen, der seinem Berufe sich so unbedingt hingiebt, der das, was er ist, ein christlicher Bischof, auch ganz sein will."

Zusatz zu S. 27 Z. 23:

Diog. Laertes VII$_{124}$ τὰς δὲ ἀρετὰς λέγουσιν ἀνταχολουθεῖν ἀλλήλαις, καὶ τὸν μίαν ἔχοντα πάσας ἔχειν.

Berichtigung:

Auf Seite 34 Zeile 28 von oben muß es statt: der cohors signata heißen dem fons signatus.

Litteratur.

Cypriani opera omnia ed. HARTEL. Vindobonae 1868 wonach die Citate.
RETTBERG. Der Bischof C. v. Carthago, Gött. 1831.
FECHTRUP. Der hl. Cyprian. Münster 1878. 1. Teil.
HUBER. Philosophie der Kirchenväter, München 1859.
RITTER. Die christliche Philosophie.
EBERT. Litteratur des Mittelalters.
ZELLER. Philosophie der Griechen.
GASS. Geschichte der christlichen Ethik, 1881.
LUTHARDT. Geschichte der christlichen Ethik. 1888.
HIRZEL. Ciceros philosophische Schriften.
HILGENFELD's, Theolog. Zeitschrift 1858.
RIEHM u. KÖSTLIN. Studien und Kritiken, 1880.
BÖHRINGER, Die Kirche Christi und ihre Zeugen. Zürich 1864.
K. B. FRANCKE. Psychologie und Erkenntnislehre des Arnobius. Diss. 1878.
KLIPPEL. De summo in Stoicorum ethice morum principio, 1823. Goetting.
H. A. WINCKLER. Ein Beitrag zur Gesch. des Stoicismus, Leipzig 1878. Diss.
K. FRANKE, Stoicismus und Christentum. Gymnasialprogramm, 1876.
A. HARNACK. Dogmengeschichte I.
WADSTEIN, Der Einfluß des Stoicismus auf die älteste christl. Lehrbildung. Theol. Studien f. Kritiker, 1880, 4.